# L'IMPOSTURE

EVELYNE DE LA CHENELIÈRE

# L'IMPOSTURE

*théâtre*





LEMÉAC

Photographie de la couverture : © Daniel Brière



*Leméac Éditeur reconnaît l'aide financière du gouvernement du Canada par l'entremise du Programme d'aide au développement de l'industrie de l'édition (PADIÉ) pour ses activités d'édition et remercie le Conseil des arts du Canada, la Société de développement des entreprises culturelles du Québec (SODEC) et le Programme de crédit d'impôt pour l'édition de livres du Québec (Gestion SODEC) du soutien accordé à son programme de publication.*



ISBN 978-2-7609-0411-8


4609, rue d'Iberville, 1er étage, Montréal (Québec) H2H 2L9
Dépôt légal — Bibliothèque et Archives nationales du Québec, 2009

*Imprimé au Canada*

*À Nelly Arcan.*

## CRÉATION ET DISTRIBUTION

Cette pièce a été créée à Montréal le 17 novembre 2009
au Théâtre du Nouveau Monde dans une mise
en scène d'Alice Ronfard.

Comédiens:
David Boutin, Sophie Cadieux, Violette Chauveau,
Francis Ducharme, Jacinthe Laguë, Hubert Proulx,
Yves Soutière, Erwin Weche.

*Assistance à la mise en scène et régie:* Bethzaïda Thomas,
*décor:* Gabriel Tsampalieros,
*costumes:* Ginette Noiseux,
*éclairages:* Éric Champoux,
*musique:* Simon Carpentier,
*vidéo:* Yves Labelle,
*maquillages:* Jacques-Lee Pelletier,
*perruques:* Rachel Tremblay,
*conseillère dramaturgique:* Diane Pavlovic.

## PERSONNAGES

ROMAN : le roman d'Ève.

ÈVE : Auteur du roman. Conjointe de Bruno. Mère de Léo et de Justine.

LÉO : Fils de l'auteur du roman.

JUSTINE : Fille de l'auteur du roman.

BRUNO : Conjoint de l'auteur du roman. Père de Léo et de Justine.

ÉLISE : Amie d'enfance de l'auteur du roman. Conjointe de Sébastien. Enceinte de huit mois.

SÉBASTIEN : Conjoint d'Élise. Ami de cégep d'Ève.

FRÉDÉRIC : Ami. Célibataire.

JEUNE HOMME NOIR.

# NOTES

*La pièce est partagée entre plusieurs temporalités qui s'entremêlent :*

*Le déroulement d'un repas entre amis, le repas qui a précédé la conception de Léo ainsi que l'accident qui a tué Élise et Sébastien. Ce repas a lieu autour de 1989.*

*Le déroulement d'une émission culturelle où Léo est invité comme l'auteur du roman à succès écrit par Ève. Cette émission a lieu autour de 2009, et Léo a donc une vingtaine d'années.*

*L'écriture du roman, teintée de tout ce qui se passe dans la vie d'Ève.*

*Pour l'émission culturelle (elle sera tournée, puis projetée sur écran) : Il s'agit d'une émission dont le concept est de faire des entrevues de fond avec des auteurs, des acteurs, des personnalités, etc.*

*Elle est tournée devant public. C'est une émission branchée qui se veut populaire tout en ayant la prétention de se pencher profondément sur la culture.*

*Léo y est invité à la suite du grand succès du roman. On sent qu'il joue un personnage pour le moins arrogant, en tout cas très sûr de lui. Il est aussi très charismatique et conscient de son humour. Bref, il est parfait, médiatiquement parlant.*

*J'imagine le traitement du tournage avec des* jump cuts, *comme des sauts dans la linéarité de l'entrevue. On doit sentir que Léo s'adresse à l'animateur, mais aussi au public. Le public réagit de temps en temps avec des rires ou des manifestations sonores. On ne voit jamais l'animateur, et on n'entend pas les questions. On voit juste les réactions de Léo. Léo sera installé dans un fauteuil branché, avec une table et un verre d'eau à proximité.*

# PROLOGUE

*En même temps que les invités s'installent à table.*

ROMAN *(à l'écran est projeté le dos du livre où on peut lire :)*

Le roman de ma mère
« Si, pour une femme, écrire, c'est ne pas mourir tout à fait, si c'est acheter le désir alors qu'elle vieillit, si c'est tenter, à force de mots, de séduire une fois pour toutes, alors elle doit reconnaître l'écriture pour ce qu'elle est : un acte désespéré et frivole, ni plus ni moins que la robe qu'elle fait tourner pour son père, d'abord, et ensuite le cul qu'elle guinde pour tous les autres. »

*Entrevue de Léo (à l'écran).*
*Sous les applaudissements et une espèce d'indicatif musical, Léo salue le public et s'installe dans le fauteuil.*
*Jump cut.*

LÉO. … La quatrième de couverture ? Oui, effectivement, on peut dire que ça donne le ton… Mais moi je voulais pas mettre ça, c'est mon éditeur qui a choisi l'extrait, et mon éditeur est un dictateur, alors… *(Rire du public.)* Je sais pas pour vous, mais moi, personnellement, lire cette quatrième de couverture, ça me donnerait pas envie d'acheter le livre ! *(Rire du public.)*

*Jump cut.*

… Oui, c'est vrai, je l'ai déjà dit et je suis conscient que ça se dit pas, mais je le dis quand même : généralement, je préfère lire un livre écrit par un homme qu'un livre écrit par une femme. C'est vrai. *(Réaction de l'animateur.)* Parce que, je sais pas, je sais pas pourquoi, c'est juste un constat que je peux pas nier : je préfère la façon dont les hommes parlent des hommes, je préfère la façon dont les hommes parlent des femmes, j'aime mieux la façon dont les hommes parlent de cul, non, vraiment, je préfère. Mais j'adore les femmes, et surtout, j'adore les féministes ! *(Rire du public.)*

*On quitte l'entrevue.*
*Les invités sont installés, et en accéléré on se retrouve au milieu du repas.*

# PREMIÈRE SCÈNE

*Les deux conversations ont lieu en même temps.*

ROMAN *(à l'écran).* Chapitre 1. Ma mère est une femme qui écrit.

*Conversation 1.*

ÉLISE. ... Franchement, t'es complètement tordu.

FRÉDÉRIC. Mais c'est pas moi qui ai inventé ça : c'est un livre ! Si quelqu'un est tordu, c'est pas moi, c'est l'auteur.

ÉLISE. Mais je comprends pas que tu te passionnes pour ce genre de choses.

FRÉDÉRIC. Je me passionne pas, c'est de la curiosité intellectuelle.

ÉLISE. Non, c'est un goût pour le sensationalisme.

FRÉDÉRIC. Et alors ? C'est très bien, le sensationalisme. Il faut pas nier notre soif de sensations, d'impressions fortes, d'immédiat.

ÉLISE. C'est ça, Fred.

FRÉDÉRIC. C'est vrai, je trouve que c'est malhonnête de pas reconnaître son penchant pour le sensationnel. Mais t'as toujours aimé faire de toi une exception.

ÉLISE. C'est ça, ben exceptionnellement, peux-tu arrêter de parler de choses dégueulasses ?

BRUNO. Qu'est-ce qui est dégueulasse ?

ÉLISE. Rien, il y a rien de dégueulasse, c'est lui qui...

FRÉDÉRIC. C'est moi ?!

BRUNO. C'est quoi, qui est dégueulasse ?

ÉLISE. Arrêtez de dire ce mot-là !

BRUNO. De quoi ?

FRÉDÉRIC. C'est toi qui l'as dit en premier.

ÉLISE. De quoi ?

FRÉDÉRIC. Dégueulasse.

ÉLISE. Arrête !

BRUNO. Arrête, Fred, il faut pas contrarier une femme enceinte.

*Conversation 2 (en même temps que la conversation 1).*

SÉBASTIEN. ... Mais c'est bien écrit.

ÈVE. Oui, d'accord, on peut pas dire que ce soit mal écrit...

SÉBASTIEN. C'est très bien écrit.

ÈVE. Si tu veux, mais ça suffit pas.

SÉBASTIEN. Qu'est-ce que tu veux dire ?

ÈVE. C'est pas parce que quelque chose est bien tourné que c'est aussitôt de la littérature.

SÉBASTIEN. T'es de mauvaise foi.

ÈVE. Pourquoi tu veux m'obliger à l'aimer ?

SÉBASTIEN. Je veux pas t'obliger à l'aimer, je pense juste que tu fais exprès de pas l'aimer parce que trop de gens l'aiment.

ÈVE. Ben là, Sébastien, je fais pas exprès de pas l'aimer, ce serait vraiment puéril de ma part, on n'est plus au cégep.

SÉBASTIEN. Justement, on dirait que tu t'obstines avec madame Bouchard.

*Ils éclatent de rire.*

ÈVE. ... Pauvre madame Bouchard !

SÉBASTIEN. T'as failli lui faire faire une dépression.

ÈVE. Elle prenait ça beaucoup trop personnel.

SÉBASTIEN. Oui.

ÈVE. C'était du chauvinisme : elle supportait pas qu'on s'attaque à la littérature québécoise. Dès que c'était un auteur québécois, on était obligé d'aimer ça.

SÉBASTIEN. En tout cas, je pense qu'elle pleurerait si elle t'entendait le démolir comme ça.

ÈVE. Peut-être pas : il est même pas Québécois.

SÉBASTIEN. Ben oui, il est Québécois.

ÈVE. Il est Québécois quand ça l'arrange.

SÉBASTIEN. Franchement !

ÈVE. De toute façon, il est devenu intouchable, alors, à partir de là...

SÉBASTIEN. Comment, intouchable ?

ÈVE. ... On peut plus discuter.

SÉBASTIEN. Il est pas intouchable, il est au sommet de son art, c'est différent.

ÈVE. « Au sommet de son art », attends, il a à peine quarante ans, « au sommet de son art »...

SÉBASTIEN. Et alors ?

ÈVE. ... Franchement. Et à cinquante ans, il sera bon à jeter, c'est ça ?

SÉBASTIEN. Mais non…

ÈVE. Le problème, c'est qu'on encense beaucoup trop tôt. La moindre petite nouveauté à peu près correcte, et on encense l'auteur…

SÉBASTIEN. Tu dis n'importe quoi…

ÈVE. … il a pas encore trente ans et on l'encense, et alors après on prétend qu'il a atteint une « maturité artistique » à quarante ans. Laisse-moi rire. Pis ça c'est à cause de notre maudit complexe culturel québécois, qui fait qu'on veut absolument se trouver des génies québécois, pis quand on en trouve pas, on en invente, pis comme ça on se fait croire que le Québec est peuplé de génies.

*Ellipse.*

ROMAN (LÉO). Je suis un homme et j'ai vingt ans. J'ai des souvenirs de choses dont on croirait qu'il est impossible de se souvenir. Jusqu'ici je n'ai jamais rencontré quelqu'un dont les souvenirs remontent à si loin.
Entre autres, je me souviens très bien du moment de ma conception.
Je le dis comme j'aurais dit que je me souviens de ma première bicyclette, mais la vérité, c'est que je me souviens moins bien de ma première bicyclette que de ma conception, qui m'a marqué davantage. Je me souviens même du repas qui a précédé ma conception.
Cette mémoire préexistentielle a considérablement teinté la façon dont j'envisage ma mère et le reste du monde.

*Fin de l'ellipse et suite du repas.*

ÈVE. … Je veux pas ma face sur le livre, c'est tout, je leur ai dit je veux pas ma face.

SÉBASTIEN. Pourquoi ?

ÈVE. Ça a toujours l'air con, une face d'auteur sur un livre.

ÉLISE. Mais ta photo serait pas *sur* le livre, elle serait derrière.

ÈVE. Peu importe. Si tu souris sur ta photo, t'as l'air sympathique pis on va croire que ton livre est sympathique, donc inoffensif, donc poche. Si tu souris pas, on va croire que t'es intense, donc grave, donc plate à lire.

SÉBASTIEN *(en riant)*. Franchement !

ÈVE. Je veux pas de photo, c'est tout. Ah, pis je veux pas non plus un mot de l'éditeur qui dit que c'est un bon livre.

BRUNO. Hein ?

ÈVE. C'est vraiment épais, les mots des éditeurs qui expliquent que leur livre, le livre qu'ils veulent te *vendre*, c'est un bon livre : c'est comme un restaurant qui dit que sa bouffe est bonne, c'est évident qu'il va pas dire le contraire !

FRÉDÉRIC. Ben oui, mais c'est toujours comme ça... sauf peut-être pour les auteurs qui se passent de présentation.

ÈVE. O.K., tu veux dire que je suis pas assez *hot*.

BRUNO. Voyons, Ève, c'est pas si compliqué : c'est juste pour aider à vendre le livre. C'est du commerce.

ÈVE. De toute façon, il se vendra pas, le livre : on est au Québec.

SÉBASTIEN. En tout cas madame Bouchard va l'acheter !

ÉLISE *(qui ne comprend pas)*. Quoi ?

BRUNO. Bon, bon...

ÉLISE. Pourquoi madame Bouchard va l'acheter ?

ÈVE. Bruno, trouves-tu que je suis une femme négative ?

BRUNO. Ben... un peu.

ÈVE. Tu m'aimes quand même ?

BRUNO. Oui.

ÈVE. Moi aussi je t'aime, Bruno.

*Tout le monde rit.*
*Ève et Bruno s'embrassent.*

ROMAN (LÉO). On pourrait croire à une fantaisie de mon imagination, on pourrait croire que je confonds les récits qu'on m'aurait faits de certains événements et le souvenir précis d'y avoir assisté, on pourrait croire à une volonté telle de comprendre les causes des effets que je me broderais des souvenirs qui n'en seraient pas, mais je le sais aussi bien que je sais que je respire : ma mémoire est phénoménale, ma mémoire est tentaculaire, ma mémoire récapitule outrageusement.

FRÉDÉRIC *(commentant le baiser).* Moi je trouve ça beau.

# DEUXIÈME SCÈNE

*Ève débarrasse la table. Elle empile la vaisselle.*

ROMAN *(à l'écran).* Chapitre 2. Ma mère a un chien.

*Entrevue de Léo (à l'écran).*

LÉO. ... D'accord, ma mère est une femme qui écrit, je respecte son travail, mais c'est impossible de parler littérature avec elle. Impossible. C'est un sujet trop sensible. Et moi, quand quelqu'un devient émotif devant moi, ça m'empêche de l'entendre. Je suis juste comme... happé par les manifestations physiologiques de l'émotivité. Ça me fascine, alors j'entends plus le propos. Ma mère est une femme assez colérique, je pense que c'est un secret pour personne... *(Rire du public.)*

*Freeze frame sur le visage de Léo à l'écran. On quitte l'entrevue.*

LÉO. Maman, tu crois pas que tu écrirais encore mieux si t'étais un homme? Je veux dire, si t'étais pas encombrée par ta féminitude? Attends, fâche-toi pas, je veux seulement te demander: tu crois pas que ton geste d'écriture est avant tout celui de la provocation, qui vient du sentiment d'empiéter sur un territoire *a priori* masculin, et que ce geste perd ainsi de son intégrité intellectuelle malgré toi?

ÈVE. Écoute-moi bien, mon gars, mon fils chéri, mon beau petit mâle que j'ai mis au monde, je suis ta mère et je t'interdis de parler de ce que j'écris. J'ai mis bien des choses de côté pour que tu puisses prendre toute ta place d'homme dans la vie, mais t'as pas réussi à empiéter sur le territoire de mon écriture, là où il ne sera jamais question du beau petit mâle que j'ai mis au monde. Alors tu vas t'abstenir, à tout jamais, de faire le moindre commentaire sur mon écriture, compris? Laisse-moi maintenant.

*Ève part, furieuse.*
*Retour à l'entrevue.*

LÉO. ... Des fois, elle partait longtemps, le chien devait en avoir marre de se faire promener par elle, c'est un chien qui a jamais aimé se promener, mais il aurait fait n'importe quoi pour lui convenir. Comme nous tous d'ailleurs.

*Rire du public.*
*On quitte l'entrevue.*

ROMAN (LÉO). Elle se regarde sans arrêt, et chaque vision d'elle-même lui est pénible. Elle se voit suivre un chien qu'elle tient en laisse, elle se rappelle que, petite, elle a rêvé d'être cette femme qui tient un chien en laisse, qui se promène dans la nuit sans avoir peur, oh, comme elle avait hâte, et pourtant la joie qu'elle avait prédite se fait encore attendre.

## TROISIÈME SCÈNE

*Le départ des invités.*

FRÉDÉRIC. Je suis désolé. Vraiment.

ÈVE. Moi aussi. J'ai été odieuse.

FRÉDÉRIC. Non non, c'est moi, je suis allé trop loin.

SÉBASTIEN. Merci, c'était très bon.

FRÉDÉRIC. Excellent carré d'agneau.

ÈVE. C'est Bruno. C'est toute Bruno. C'est toujours toute Bruno.

FRÉDÉRIC. Tu sais, aussi, c'est à cause des médicaments… c'est difficile de trouver la bonne dose…

ÈVE. Je sais, je sais.

ÉLISE. J'ai trouvé ça très beau, ce que tu nous as lu.

FRÉDÉRIC. Des fois, je suis bien pendant des mois… ou en tout cas pendant plusieurs semaines de suite…

ÈVE *(à Frédéric).* Bien sûr, je comprends. *(À Élise :)* C'est vrai ? T'as aimé ça ?

FRÉDÉRIC. … et d'autres fois, je me reconnais plus…

ÈVE *(à Frédéric).* C'est correct, Fred, tout est correct. *(À Élise :)* Ton avis compte beaucoup pour moi, Élise.

ÉLISE. Je sais.

BRUNO. Correct pour conduire, Sébastien ?

SÉBASTIEN. Oui oui, c'est beau.

FRÉDÉRIC. ... ils font semblant qu'ils savent quoi faire, mais la vérité, c'est qu'ils savent pas, ils savent rien...

ÈVE *(à Élise).* Je veux dire, toi en particulier. Idéalement, c'est sûr que j'aimerais que tout le monde aime ce que je fais, je veux dire c'est normal, mais toi, c'est... encore plus.

FRÉDÉRIC. Il faut encore que j'aille faire des prises de sang...

SÉBASTIEN. Fred, t'embarques avec nous ?

FRÉDÉRIC. Non non, je vais marcher, vous, ça vous fait un détour...

ÉLISE. Voyons donc, Fred, viens-t'en.

FRÉDÉRIC. Je peux marcher...

SÉBASTIEN. Ben non.

FRÉDÉRIC. Il paraît que c'est bon, marcher.

ÉLISE. C'est ça, tu prendras une marche demain. Là, embarque dans le char.

FRÉDÉRIC. Vous êtes de bons amis. Vous êtes tous de bons amis, et moi je suis un ingrat...

ÈVE *(à Bruno).* Bon, ça y est.

BRUNO *(tendant le manteau de Frédéric).* Hey, mon homme, ça te tente pas de mettre ton manteau ?

FRÉDÉRIC. Ah, mon manteau.

SÉBASTIEN *(à Élise).* Je vous attends à l'auto, je vais déneiger.

ÉLISE. O.K., merci.

FRÉDÉRIC. Vous êtes tellement... maternels avec moi.

ÉLISE. C'est parce qu'on t'aime, allez, viens.

FRÉDÉRIC *(comme s'il voyait pour la première fois le ventre d'Élise).* Élise ! Tu vas me pardonner, hein ? T'es tellement belle avec ton gros ventre ! Te rends-tu compte que tu portes un enfant ?

ÉLISE. Oui.

FRÉDÉRIC *(sincèrement ému et admiratif).* Heureusement, hein, qu'il y a encore des gens assez fous pour faire des enfants ? Hein ?

ÉLISE. Ben oui, hein ?

FRÉDÉRIC. T'imagines si tout le monde était comme moi ?

ÈVE *(en riant).* On aime mieux pas imaginer !

FRÉDÉRIC *(sincère).* Ah, c'est amusant ça. J'aime ça quand tu me taquines, Ève.

BRUNO *(pour lui-même).* Oh boy.

ÉLISE *(à Fred).* Tu viens ? Sébastien nous attend.

FRÉDÉRIC. O.K. *(À Ève et Bruno :)* Hey, merci. Merci pour tout.

ÉLISE. Bye, merci encore.

FRÉDÉRIC. Excellent carré d'agneau. *(À Élise :)* Élise, je vais marcher finalement. Ça va me faire du bien.

ÉLISE. Comme tu veux.

BRUNO. À bientôt, on se lâche pas.

FRÉDÉRIC. Non, faut pas se lâcher, vous êtes ce que j'ai de plus précieux, et un jour je vais vous rendre fiers de moi. Hein ? Aimeriez-vous ça, être fiers de moi ?

ÈVE. On s'appelle demain ?

ÉLISE. O.K., salut !

*Bruit d'un accident de voiture.*

## QUATRIÈME SCÈNE

*Ève et Bruno s'embrassent. Préliminaires.*

ROMAN *(à l'écran).* Chapitre 3. Ma mère a du désir.

ROMAN (LÉO). Je me souviens que ma mère, qui n'était pas encore ma mère, priait depuis plusieurs semaines. Elle ne priait pas un Dieu auquel elle ne croyait pas, mais elle adressait ses prières à son désir. Elle suppliait son désir de ne pas l'abandonner, convaincue qu'à lui seul son désir assurerait l'harmonie, la stabilité et la durabilité de sa relation conjugale avec mon père qui n'était pas encore mon père. Inutile de dire que ma mère avait le sexe en haute estime, mais c'est normal puisqu'on parle ici d'une femme de son temps.

Fréquemment, ma mère remplaçait mon père par l'image de Sébastien Leclerc au-dessus d'elle. Sébastien avait un effet immédiat sur son désir. Elle ressentait bien sûr une certaine culpabilité à détrôner virtuellement mon père pour un autre, mais ce qu'elle ignorait, c'est que mon père, de son côté, la remplaçait régulièrement par Élise Dionne.

Il y avait donc, au-dessus, Sébastien et, en dessous, Élise, qui ont, en quelque sorte et bien malgré eux, participé à ma conception ce soir-là.

*Ève s'impatiente avec les préliminaires, elle semble un peu agacée. Elle tente quelque chose.*

ÈVE. J'aimerais que tu me brusques.

BRUNO. Pardon ?

ÈVE. Que tu me brusques.

BRUNO. Que je te brusque ?

ÈVE. Oui.

BRUNO. Tu aimerais que je te brusque.

ÈVE. C'est ça.

BRUNO. Je... mais comment ?

ÈVE. Je sais pas.

BRUNO. Que je t'insulte ?

ÈVE. Non, quand même pas, là...

BRUNO. Que je te fasse... mal ?

ÈVE. Ben là, non...

BRUNO. Alors quoi ?

ÈVE. Laisse faire.

BRUNO. Non, ça m'intéresse.

ÈVE. Je sais pas comment dire...

BRUNO. Genre, sur la table ?

ÈVE. Je sais pas... peut-être.

BRUNO. Genre, je jette la vaisselle par terre et je te prends par derrière sur la table ?

ÈVE *(soudainement très mal à l'aise)*. Oui, pourquoi pas, à la rigueur, mais sans le dire ! Il fallait pas que tu le dises !

BRUNO. Hein ? Pourquoi ?

ÈVE. Parce que quand tu le dis, ça a l'air... ridicule. Ou pornographique.

BRUNO. O.K. T'as le goût de te faire prendre sur une table par derrière, mais que ce soit romantique, c'est ça ?

ÈVE. Je sais pas ! J'ai le goût qu'on s'y attende pas ! Mais là, ça marche pas, tu l'as toute dit, alors je m'y attends.

BRUNO. Je t'ai pas tout dit, j'ai d'autres idées...

ÈVE. Oublie ça. Excuse-moi. Fais comme d'habitude.

BRUNO. Qu'est-ce que tu veux dire ?

ÈVE. Je veux dire... faisons comme... comme d'habitude.

BRUNO. C'est un peu vexant.

ÈVE. Hein ? Pourquoi ?

BRUNO. C'est comme si tu disais que ça revient toujours à la même chose.

ÈVE. De quoi ?

BRUNO. Rien, laisse faire, oublie ça.

ÈVE. Non, c'est bien d'en parler. Tu trouves que ça revient toujours à la même chose ? Tu t'ennuies ?

BRUNO. Non, pas moi. Toi ?

ÈVE. Non, c'est très bien. Vraiment, c'est très très bien.

*Ils reprennent les préliminaires.*

ROMAN (LÉO). Minables, toutes les supercheries pour appeler un appétit qui n'est plus là, pour ne pas admettre que le plaisir qui viendra peut-être n'a plus rien à voir avec l'autre, mais avec les prouesses d'imagination qui vous auront transportée à mille lieues du lit conjugal.

*Ellipse. Ils ont fait l'amour.*
*À nouveau, le bruit de l'accident de voiture, suivi des ambulances.*

ROMAN (LÉO). Voilà. C'est cette nuit-là que, un peu maladroitement, au bout d'une correcte jouissance, mes parents ont entamé ma fabrication.

Cruelle coïncidence : Exactement au même instant, Élise et Sébastien mouraient dans un accident de voiture.

C'est dire qu'Élise et Sébastien sont morts alors que mes parents les prenaient avec eux dans le lit conjugal.

Quand la vie m'apporte des moments d'extase, une montée de gratitude me vient alors pour Élise et Sébastien, ces sortes de parents usurpateurs qui ont suscité ce désir de moi, et sans qui je ne serais pas au monde pour en profiter. Au contraire, quand la vie me pèse et que le monde m'ennuie, je n'ose pas maudire Élise et Sébastien, innocents de leur crime, et morts, de surcroît.

Des parents morts sont les parents les plus enviables du monde : on leur doit tout sans pouvoir les blâmer de rien.

ROMAN *(à l'écran)*. Chapitre 4. Ma mère écrit couchée.

*Bruno arrive, chargé d'une grosse épicerie. Ève est au lit.*

BRUNO *(exaspéré)*. Ève !

ÈVE. Quoi ? Bonsoir.

BRUNO. Qu'est-ce que tu fais, t'as oublié ?

ÈVE. Oublié quoi ?

BRUNO. C'est ce soir qu'ils viennent souper !

ÈVE. Ben oui, je le sais, pis ?

BRUNO. Tu m'avais promis que tu ferais le ménage !

ROMAN (LÉO). Pourtant, si je me souviens bien, la soirée ne semblait pas partie pour concevoir un enfant. Ma mère était dans un état plus ou moins dépressif, mon père était surmené, et l'idée même de recevoir leurs amis les décourageait tous les deux à l'avance.

ÈVE. J'ai fait le ménage. Un peu.

BRUNO. Hein ?! Où ça !

ÈVE *(les yeux dans son cahier, comme si elle se parlait à elle-même ; pendant ce temps, Bruno court à droite et à gauche, sans logique, pour ramasser des vêtements ici, de la vaisselle sale là).* Tu iras voir la salle de bain. Elle est toute propre. Ça fait son effet. C'est important, la salle de bain, Les gens sont toujours impressionnés par une salle de bain propre.

BRUNO. C'est tout ce que t'as fait ?

ÈVE. Après la salle de bain, j'ai manqué de courage…

BRUNO. Regarde. Je veux pas m'énerver, là, mais ils arrivent dans deux heures, moi j'ai travaillé toute la journée…

ÈVE. Moi aussi, j'ai travaillé.

BRUNO. Couchée.

ÈVE. Oui, couchée. J'aime bien travailler couchée.

BRUNO. Bon. Peux-tu m'aider maintenant ?! Peux-tu t'habiller au moins ? Te laver, je sais pas ?

ÈVE *(soudainement de bonne humeur).* Oui oui… t'es grognon, hein ? T'as eu une mauvaise journée ?

BRUNO. Non. C'était une très bonne journée jusqu'à ce que j'arrive ici.

ÈVE. Pis là, rendu ici, t'es déçu de trouver l'appartement en désordre, pis t'es déçu aussi de me trouver encore en pyjama ? C'est ça ?

BRUNO. Euh… oui, c'est ça, oui.

ÈVE. C'est ça le problème quand on s'attend à quelque chose : après on est déçu. Moi ça m'arrive tout le temps. Quand on projette quelque chose dans sa tête, et puis qu'après ça correspond pas, c'est très décevant. C'est pour ça que je me force à m'attendre à rien. Parce que j'ai trop de mal à supporter l'écart entre ma projection de la vie, et la vie elle-même. Je suis beaucoup trop fragile pour prendre le risque de m'attendre à quelque chose de la vie. Ouain… C'est ça, ouain.

BRUNO. Bon, c'est ben le fun de jaser avec toi, mais j'ai comme autre chose à faire. Je vais prendre une douche, là, pis quand je vais avoir fini, ce serait le fun que tu sois debout.

ÈVE *(de très bonne humeur)*. T'es autoritaire, ça te va bien, tu devrais faire ça plus souvent… Sans joke, j'aime ça.

*Bruno part, en colère.*

ÈVE. Qu'est-ce qu'on mange ?

*Bruno est déjà dans la cuisine, où il va poser ses sacs.*

ÈVE *(comme une adolescente)*. Bruno ! Qu'est-ce qu'on mange ?

*Grand fracas de vaisselle, comme si tout était tombé sur Bruno.*

BRUNO. Tabarnak.

ÈVE *(toujours allongée)*. Ça va, Bruno ? Ça va aller ?

*On glisse dans la scène suivante. Il s'agit de l'accident de voiture qui a provoqué la rencontre de Bruno et Ève.*

# CINQUIÈME SCÈNE

*Bruno a les mains ensanglantées. Ève saigne de la bouche.*

ROMAN *(à l'écran)*. Chapitre 5. Mes parents se rencontrent.

ÈVE *(en criant parce qu'elle est sous le choc)*. Ça va aller ? Êtes-vous correct ? Faites voir. C'est juste une petite coupure de rien, ça impressionne comme ça, à cause du sang, mais c'est rien. Vous avez de la chance. Vous avez pas fait votre stop, hein ? *Do you speak French ?*

BRUNO. J'avais pas de stop.

ÈVE. Vraiment ? Est-ce que ça veut dire que c'est de ma faute ?

BRUNO. Oui.

ÈVE. *Shit.* Vous voulez une cigarette ?

BRUNO. Non.

ÈVE. Vous en avez pas une, non plus, par hasard ?

BRUNO. Quoi ?

ÈVE. De cigarette, vous en avez pas une ?

BRUNO. Non. Je fume pas.

ÈVE. Bon, c'est pas grave, merci quand même. *(À ceux qui se sont attroupés autour :)* Circulez, c'est bon, il y a rien à voir ! C'est quoi cette passion pour les accidents de voiture ? ! *(À Bruno :)* Vous comprenez ça, vous ?

BRUNO. …

ÈVE *(très émotive)*. Écoutez... cet accident tombe vraiment très mal... malheureusement il faut que je parte. Je suis obligée de partir, vous comprenez? Ça saigne, hein? C'est normal, les extrémités, ça saigne beaucoup. Mais c'est rien, je vous assure que c'est rien. *(Elle lui donne son foulard pour qu'il éponge son sang.)* Je vais vous donner ça. Voilà. Comme ça, ça ira. Avec votre permission, je vais vous laisser mon numéro de téléphone, et si on pouvait régler ça demain... je suis prête à prendre tout le blâme, il y a pas de problème, je veux bien être fautive, j'ai l'habitude, mais juste... pas maintenant, d'accord? Juste... demain. *(Elle a envie de pleurer.)* Je vous en supplie, monsieur, vous voulez bien? *(Elle écrit son numéro de téléphone sur un bout de papier.)* Parce que, aujourd'hui, c'est pas possible, je suis beaucoup trop vulnérable, ça... ça pourra pas être possible... j'y arriverai pas. *(Aux gens attroupés:)* Je ne m'enfuis pas! Je pars, mais je ne m'enfuis pas! Monsieur est au courant! Nous nous sommes arrangés! Je lui ai laissé mon numéro de téléphone et mon foulard!

*Elle s'éloigne en titubant. Bruno la regarde. Ève se retourne vers lui et ils se regardent longtemps.*

ROMAN (LÉO). Et c'est là que, déjà, mes parents qui n'étaient pas encore mes parents se sont mis à vouloir le bonheur de leurs enfants.

*Entrevue de Léo (à l'écran).*

LÉO. ... Non non, j'ai eu une enfance plutôt heureuse. Je dirais même que, contre ma volonté, j'ai été un enfant très heureux. *(Réaction de l'animateur.)* Je veux dire, contre ma volonté dans le sens que le bonheur, dans nos sociétés, est devenu un devoir filial. Complètement indépendant de sa volonté propre... Contrairement à moi, ma sœur a su résister à ce bonheur qu'on lui imposait.

*On quitte l'entrevue.*

## SIXIÈME SCÈNE

ROMAN *(à l'écran)*. Chapitre 6. L'arrivée de Justine.

*Ève promène un landau.*

ROMAN (LÉO). J'étais à peine en mesure de faire des promenades en landau, et mes parents rêvaient déjà à voix haute de cette petite sœur qu'ils s'offriraient, sans me consulter. Puis Justine est arrivée en criant. Elle n'a jamais arrêté depuis.

*Justine est dans le landau. On ne la voit pas pour l'instant. Léo regarde sa mère intensément.*

JUSTINE *(qui hurle)*. Maman !

*Ève semble absorbée, le regard dans le vide.*

Maman !

ROMAN (LÉO). Quand ma mère se fait appeler maman, elle met toujours quelques secondes à se retourner.

JUSTINE. Maman !

ROMAN (LÉO). ... C'est parce qu'elle met un certain temps à admettre que ce mot la désigne, elle aussi, comme il a désigné sa propre mère auparavant.

JUSTINE. Maman !

ROMAN (LÉO). Elle ne répond pas tout de suite parce qu'elle a peur que quelqu'un crie à l'imposture.

JUSTINE *(se redressant dans le landau)*. Maman ! !

ÈVE *(sursautant)*. Quoi ? Qu'est-ce qu'il y a ? Arrête de crier !

JUSTINE. Ça fait dix mille fois que je t'appelle !

ÈVE. Qu'est-ce que tu veux ?

JUSTINE *(sortant du landau)*. Laisse faire, trop tard.

*Léo fixe sa mère.*

ROMAN (LÉO). Ma mère se demandait combien de fois elle avait été ailleurs quand nous aurions eu besoin qu'elle soit là, combien de fois elle avait répondu à côté, ou sans réfléchir, combien de fois elle avait mis fin à des échanges qui auraient connu un dénouement heureux, ou fondamental, combien de fois elle avait traversé ses journées comme autant de rendez-vous manqués. Cette comptabilité des ratages l'effrayait, sans qu'elle puisse faire autrement que de compter encore.

ÈVE *(au bord de l'exaspération)*. Qu'est-ce qu'il y a, Léo ?

LÉO. Hein ?

ÈVE. Pourquoi est-ce que tu me regardes comme ça ?

LÉO. Comme quoi ?

ÈVE. Arrête de me fixer, Léo. Je t'ai déjà dit que c'est pas poli de fixer.

LÉO. Je peux pas te regarder ?

ÈVE. Oui tu peux, mais pas tout le temps, pas sans arrêt.

LÉO. Pourquoi ?

ÈVE. Parce que tu me mets mal à l'aise. Est-ce que tu as quelque chose à me demander ?

LÉO. Non.

ÈVE. Alors arrête un peu de me regarder.

LÉO. Où je regarde, alors ?

ÈVE. N'importe où, on est à la montagne, c'est beau, tu peux regarder le paysage…

LÉO. Le paysage, c'est moins beau que toi.

ÈVE. Léo, franchement.

LÉO. T'aimes pas ça, que je t'adore ?

ÈVE. Quoi ?

LÉO. T'aimes pas ça, que je t'adore ?

ÈVE. Va jouer, mon ange. Va jouer avec Justine.

*Entrevue de Léo (à l'écran).*

LÉO. … Oui, je parle beaucoup de ma sœur, dans le livre. Pourtant elle a toujours brillé par son absence. Elle a rapidement compris que la meilleure façon d'avoir toute l'attention, c'est encore de disparaître ! *(Rire du public.)* Mais bon, c'est pas parce que je parle de ma famille que c'est autobiographique. Je peux pas dire que c'est autobiographique. Je pense pas. *(Question de l'animateur.)* Pardon ? Non. Depuis, on a complètement perdu contact. Pour moi, ma sœur est un fantôme.

*On quitte l'entrevue.*

# SEPTIÈME SCÈNE

FRÉDÉRIC *(concluant un discours très pessimiste).* ... Mais dans le fond, les parents souhaitent que leurs enfants soient heureux parce que ça leur donne l'illusion d'une sorte de réussite parentale. Oui, c'est comme une victoire de parent, victoire qui leur importe bien plus que la façon dont leurs enfants vont jouir du bonheur, parce que au fond peu leur importe, aux parents, tant qu'ils peuvent accueillir ce bonheur avec la fausse modestie des victorieux et le montrer à leurs amis qui ont eu la malchance, eux, de mettre au monde des enfants comme tout le monde, des enfants malheureux.

*Tout le monde réagit comme si Frédéric était allé trop loin.*

SÉBASTIEN. Arrête, Fred, t'exagères.

BRUNO. Franchement.

ÈVE. T'es tellement pas délicat, toi, quand tu veux.

ÉLISE. Ça me dérange pas, moi aussi je pense la même chose.

SÉBASTIEN. Ben là.

ÉLISE. Non, c'est vrai, je veux dire Frédéric est quand même pas le premier à dire que la reproduction est l'acte d'orgueil par excellence.

BRUNO. C'est trop facile de dire ça.

*Élise caresse son ventre. Sébastien se rapproche d'elle.*

FRÉDÉRIC. De toute façon, la seule qui a un peu goûté à ça, c'est Ève. Ève, tu vas nous dire, toi. Toi qui as la célébrité. Tu peux nous répondre : est-ce que ça rend heureux ?

SÉBASTIEN. C'est vrai, on veut savoir.

FRÉDÉRIC. Vraiment, sans joke, on veut savoir, parce qu'on va probablement jamais connaître ça, hein, c'est pas passé trente ans que ça risque de nous arriver. Alors, Ève, finalement, au bout du compte, le verdict : est-ce que la célébrité rend heureux ?

ÈVE. Vous êtes niaiseux, je suis pas célèbre, c'est pas ça être célèbre.

BRUNO. Elle veut pas répondre !

*Tout le monde rit.*
*Ellipse.*
*Entrevue de Léo (à l'écran).*
*Léo lit un extrait du roman :*

LÉO. L'homme écrit pour que les femmes en tombent amoureuses. Ça fonctionne la plupart du temps. L'écriture d'un homme lui garantit cette séduction dont rien ne peut venir à bout, ni ses tares physiques, ni toutes ses bassesses, ni son caractère épouvantable. L'écriture d'une femme ne réussira jamais de tels prodiges. Pour qu'ils en tombent amoureux, il faut encore à la femme certains attraits qui n'ont rien à voir avec les mots qu'elle déploie pourtant comme une longue langue pleine d'espoir.

*Applaudissements respectueux du public.*

Merci.

*On quitte l'entrevue.*
*Fin de l'ellipse, retour au repas.*

FRÉDÉRIC. … Oui, mais la vraie question, c'est : qu'est-ce qu'elles font tant que ça, coudonc, qu'elles pouvaient donc pas faire avant ?

ÈVE. Plein de choses, voyons. Des carrières, des vocations, des accomplissements.

FRÉDÉRIC. Sous le couvert de « c'est trop peu pour moi », « je mérite un destin moins banal, moins prévisible, moins convenu », elles sont parties, mais qu'est-ce qu'elles avaient *tant* à offrir de plus au monde ? Rien, pour la plupart d'entre elles. Rien. Leur vie aurait été moins minable si elles étaient restées à la maison à s'occuper de leurs enfants comme du monde et à donner un peu d'amour à leur mari.

ÈVE. Je peux pas croire que j'entends une chose pareille, je peux pas le croire.

SÉBASTIEN. Laisse-le faire.

ÉLISE. On parle juste du droit de *choisir*, Frédéric. Juste ça. Choisir.

FRÉDÉRIC. Ben oui, tu peux ben choisir d'abandonner tes enfants pour te sentir libre pis *hot*, ça fera pas de toi une Simone de Beauvoir pour autant.

ÉLISE. Coudonc, Fred, est-ce que t'es fâché contre ta mère ?

*Tout le monde rit.*
*Ellipse.*
*Entrevue de Léo (à l'écran).*

LÉO. … Mais bon, t'as beau être un enfant heureux, un élève studieux, un adolescent respectueux… une mère va toujours se demander quelle aurait été sa vie sans toi. Et c'est ça, entre autres, que j'exprime dans le livre… C'est la question que les enfants se posent un jour et qui demeure sans réponse : Qu'est-ce que j'ai volé à ma mère ? *(Réaction de l'animateur.)* Non, je sais pas ce que j'ai volé à ma mère.

*On quitte l'entrevue.*

ROMAN (LÉO). ... Elle se disait que même une femme qui n'aurait rien de ce qu'il faut pour être mère, aucune notion du miracle qui se trame, aucune envie de materner, elle aurait beau ne rien avoir à donner à part son sang empoisonné, elle aurait beau être sèche et anémique, elle aurait beau avoir les dents pourries, elle aurait beau ne savoir aucun des gestes qui s'imposent, cette femme ne représentera rien de moins que la splendeur pour son enfant. L'enfant la regardera avec espoir quand plus personne ne croyait en elle, il la regardera avec appétit quand plus personne ne la désirait.

*Fin de l'ellipse : retour au repas.*

ÈVE *(qui veut faire rire).* ... Mais je veux pas d'enfants pareil ! Parce que, après, il faut leur parler ! C'est vrai ! Qu'est-ce qu'il faut dire à son enfant ? Il faut bien lui dire quelque chose ! Moi je saurais jamais quoi lui dire ! Élise, qu'est-ce que tu vas lui dire ?

ÉLISE *(amusée).* Quoi ?

ÈVE. À ton enfant ? Qu'est-ce que tu vas lui dire ?

*Élise rit. Elle a l'habitude des envolées de son amie.*

FRÉDÉRIC. Non, le problème, c'est que les femmes enceintes sont devenues des spécialistes de la grossesse. Elles peuvent te décrire de long en large les étapes de l'évolution du fœtus, tous les liquides qui circulent dans leur délicate plomberie, elles peuvent nommer chacun des muscles qui entrera en jeu lors de l'accouchement. Elles deviennent leur propre sage-femme, leur propre nutritionniste, elles posent des questions au médecin comme s'il était un collègue, c'est affolant.

ÉLISE. Tu préférais quand les femmes comprenaient rien de ce qui leur arrivait ?

FRÉDÉRIC. C'est la précision du vocabulaire et le soin de tout nommer, qui me mettent mal à l'aise. Il n'y a plus rien de mystérieux, rien de sacré…

ÈVE. T'es comme un vieux, tu fais tellement vieux, t'es vieux, Fred !

FRÉDÉRIC. C'est juste que je supporte pas le langage anatomique.

ÉLISE *(à Ève, complice)*. Pauvre chou, il supporte pas le langage anatomique.

SÉBASTIEN. On t'enverra pas la cassette de notre accouchement !

FRÉDÉRIC. Certainement pas.

ÈVE. Quelle cassette ?

BRUNO. Vous allez filmer l'accouchement ?

SÉBASTIEN. Si je m'évanouis pas !

ÈVE *(à Élise)*. C'est vrai ? Vous allez filmer ?

ÉLISE. Oui. Mais on se donne la liberté de changer d'avis n'importe quand pendant l'accouchement.

FRÉDÉRIC. Je comprends juste pas à quelle occasion vous allez regarder ça.

ÉLISE. Ben là…

FRÉDÉRIC. Filmer. C'est en train de devenir une névrose collective, hein ?

SÉBASTIEN. Franchement.

FRÉDÉRIC. Non non, mais la question, c'est : allez-vous lui montrer ?

SÉBASTIEN. À qui ?

FRÉDÉRIC. À votre enfant? Allez-vous lui montrer le film de sa propre naissance? Parce que ça, c'est fucké. C'est vraiment fucké. Vous allez toute le fucker.

ÈVE. Peux-tu être plus précis?

FRÉDÉRIC. Personne se souvient de sa propre naissance, c'est pas pour rien, personne sait comment il va mourir, c'est pas pour rien non plus. Tant qu'à y être, vous auriez dû vous filmer en train de le concevoir, cet enfant-là, ça lui ferait un souvenir...

ÉLISE. O.K., Fred, ça va faire.

*Ellipse*
*Entrevue de Léo (à l'écran).*

LÉO. ... Au contraire! Au contraire, l'écriture de ma mère envahissait toute notre vie familiale, c'était... omniprésent. Même que souvent elle tenait à nous faire la lecture, et là il fallait l'écouter. Et après, il fallait *réagir*. Je savais jamais ce qu'elle attendait de moi, c'était très angoissant. Ah, et puis aussi : Elle *interprétait* beaucoup ses textes, avec des effets de voix et des gestes amples, ça me gênait terriblement. Mais ça, ça reste entre vous et moi... *(Rire du public.)*

*On quitte l'entrevue.*
*Fin de l'ellipse : retour au repas.*
*Ève lit des pages de son manuscrit. Elle est debout, elle est un peu* loud, *on sent que les gens à table sont habitués à subir régulièrement ce genre de choses.*

ÈVE *(en jetant de temps en temps un coup d'œil à Élise)*. ... Élise était la fille la plus populaire et la plus aimée d'entre toutes. Quand je l'accompagnais, je me pinçais régulièrement pour me rendre compte que je ne rêvais pas de cette vie rêvée.

Elle m'avait sans doute choisie comme quand on désigne le petit chien derrière la vitrine : on pointe le plus misérable, celui qui est en reste et dont personne ne veut, on se dit que celui-ci plus qu'un autre nous sera éternellement fidèle et reconnaissant. On repart donc avec le petit chien tout laid, tout recroquevillé et tout tremblant, on n'en revient pas de sa propre bonté, elle nous émeut presque, oui, on est ému par sa propre bonté.

Il m'est arrivé de souhaiter à Élise un grand malheur, une maladie très souffrante et très contagieuse qui l'isolerait dans la terreur de sa mort certaine, et alors je serais la seule à lui rendre visite quand les autres l'auraient abandonnée pour de bon.

J'éprouvais un grand plaisir à imaginer l'enterrement d'Élise, l'exposition de son corps devenu maigre et laid, et enfin toute l'attention que me vaudrait la mort de ma chère amie.

Malheureusement, Élise n'était atteinte d'aucune maladie et semblait posséder tous les dons.

Quand il m'est arrivé de jalouser tout cet amour auquel elle avait droit, mon amour si grand et celui de tous les autres, je me suis consolée en me disant que, de nous deux, je serais celle qui écrirait. Évidemment que ce serait moi.

Parce qu'on ne peut pas à la fois plaire et avoir l'*idée* d'écrire. Ce sont deux choses incompatibles.

*Entrevue de Léo (à l'écran).*
*Rire du public, Léo vient de faire une plaisanterie.*

LÉO *(interrompant les rires)*. … Mais le pire… Mais le pire pour moi, c'est que, quand elle nous lisait ses pages, j'étais toujours déçu parce qu'elle parlait pas de moi ! *(Rire du public.)* Ni de mon père, ni de ma sœur… c'est comme si on existait pas dans sa littérature… Alors je me suis dit que, pour me venger, si jamais un jour j'écrivais un livre, j'éviterais de parler de ma mère. J'ai échoué : Quoi qu'en disent les critiques, ce livre est mon plus grand échec. *(Rire du public.)*

*On quitte l'entrevue.*
*Justine court autour de Léo, joueuse, tenant un papier qu'elle fait voler.*

JUSTINE. La critique est sortie ! La critique est sortie ! Je l'ai ici !

LÉO *(inquiet)*. Est-ce que c'est une bonne critique ?

JUSTINE *(singeant Léo)*. Mon Dieu, faites que ce soit une bonne critique, je vous en prie mon Dieu...

LÉO. Justine, arrête !

JUSTINE *(poursuivant)*. ... Si vous exaucez ma prière et donnez une bonne critique à ma maman, je vous promets que je ne vous demanderai plus rien jusqu'à Noël.

LÉO *(qui tente de prendre le papier à Justine)*. Donne-moi ça !

JUSTINE. Attends !

LÉO. Dis-moi juste si maman va être contente.

JUSTINE. Super contente. Écoute. *(Elle jouit de ce moment, elle prend son temps et mesure l'effet de sa lecture sur Léo :)*

« Son œuvre abonde en traits extraordinaires que nous pourrions appeler des tours de force si nous ne savions pas qu'ils lui sont essentiellement naturels. (...)

De cette faculté d'absorption de la vie extérieure, unique par son ampleur, et de cette autre faculté puissante de méditation est résulté un caractère poétique très particulier, interrogatif, mystérieux et, comme la nature, immense et minutieux, calme et agité.

De là ces turbulences, ces accumulations, ces masses d'images orageuses, emportées avec la vitesse d'un chaos qui fuit ; de là ces répétitions fréquentes de mots, tous destinés à exprimer les ténèbres captivantes ou l'énigmatique physionomie du mystère.

Ici nous sommes éblouis, enchantés et enveloppés comme par la vie elle-même. La transparence de l'atmosphère, la coupole du ciel, la figure de l'arbre, le regard de l'animal, la silhouette de la maison sont peints en ses livres par le pinceau du paysagiste consommé. (…)

Les couleurs de ses rêveries se sont teintées en solennité, et sa voix s'est approfondie en rivalisant avec celle de l'Océan.

On parle de l'un de ces mortels si rares, plus rares encore dans l'ordre littéraire que dans tout autre, qui tirent une nouvelle force des années et qui vont, par un miracle incessamment répété, se rajeunissant et se renforçant jusqu'au tombeau. »

*Léo est illuminé de bonheur, il n'en revient pas.*

LÉO. C'est incroyable ! Tu te rends compte, Justine ?

JUSTINE *(feignant d'être sérieuse).* C'est vraiment une très bonne critique.

LÉO. C'est dans quel journal ?

JUSTINE. C'est dans un essai intitulé *Réflexions sur quelques-uns de mes contemporains,* de Charles Baudelaire, c'est le bout où il parle de Victor Hugo. C'est bon, hein ?

LÉO *(au comble de la déception).* T'es méchante, Justine.

JUSTINE. C'était juste une blague, Léo, c'est pas grave.

LÉO. Laisse-moi.

JUSTINE. Tu sais, ça *aurait pu* être une critique qui parle de maman. Si je lisais cette critique à maman, je suis certaine qu'elle se reconnaîtrait. En fait, tous les auteurs se sentiraient concernés par une critique comme celle-là et croiraient volontiers que c'est d'eux qu'on parle.

LÉO. Maman, elle a jamais eu droit à une critique comme celle-là.

JUSTINE. Maman, c'est pas Victor Hugo.

*Fin de l'ellipse : retour au repas.*
*Ils sont très joyeux, ils rient facilement.*

ÈVE. … Non, mais contrairement à toutes les autres, j'ai jamais rêvé d'être un homme.

FRÉDÉRIC. Et d'où tiens-tu que toutes les écrivaines rêvent d'être des hommes ?

ÈVE. C'est évident. C'est parce que les hommes écrivent mieux.

BRUNO. Ça c'est ton genre : affirmer des choses que tu crois absolument pas, juste pour provoquer.

ÈVE. C'est pas vrai ! Je crois vraiment que les hommes écrivent mieux.

SÉBASTIEN. Pourquoi ils écrivent mieux ?

ÉLISE. Les hommes écrivent pas *mieux*, c'est quoi ça ? !

SÉBASTIEN. … En supposant qu'ils écrivent mieux. Moi je veux savoir, d'après toi, pourquoi ?

ÈVE *(ravie)*. Tu veux connaître ma théorie ?

SÉBASTIEN. Oui, je veux connaître ta théorie.

*Élise rit d'avance.*

FRÉDÉRIC. Bon, on va avoir droit à une théorie.

BRUNO. Moi j'ai droit à ça tous les jours, Fred.

ÈVE *(qui les fait taire, toujours avec le sourire, et énonce sa théorie en prenant tout son temps)*. JE PENSE… je pense que les femmes ont quelque chose... une chose contre laquelle elles doivent lutter pour être en mesure de créer... une chose qui souvent est un empêchement à la création artistique ou littéraire... et c'est une chose dont les hommes sont généralement moins pourvus...

BRUNO *(intrigué)*. Quelle chose ?

ÈVE. Une générosité naturelle.

*Vives réactions des amis, toujours avec humour.*

ÈVE. C'est ma théorie.

*Ellipse.*

ROMAN (LÉO). Ma mère s'insurgeait contre les auteurs qui comparent l'écriture de leur roman à une gestation ou à un accouchement. Elle trouvait l'image complètement inappropriée. C'est dire à quel point elle ne voulait pas mêler ses enfants à son écriture. Je voudrais bien lui rendre la pareille, mais c'est difficile de ne pas parler de sa mère quand on est un fils.

*Fin de l'ellipse : retour au repas.*
*On sent que la soirée est avancée, ils ont bien bu, Ève et Sébastien se sont rapprochés. L'atmosphère est à la confidence. Ève et Sébastien se touchent, mais c'est naturel. Rien de vraiment déplacé, juste une intimité qui peut sembler étonnante. Bruno a les mains posées sur le ventre d'Élise. Ils attendent ensemble un mouvement du bébé. Fred est dans ses pensées, mais personne ne le remarque. La conversation entre Bruno et Élise à propos du bébé est en arrière-plan, à peine perceptible :*

ÉLISE. Ah ! Tu l'as senti ?

BRUNO. Oui, c'est fort !

ÉLISE. C'est son heure, là... il commence toujours à s'agiter en fin de soirée. Tu vas voir.

BRUNO. Un petit gars de *party* !

ÉLISE. C'est ça !

ÈVE. ... Ce que je veux dire, c'est que je trouve ça difficile. Des fois, je me dis, peut-être que je le sais pas, pis qu'il y a quelqu'un qui me nuit.

SÉBASTIEN. Comment ça, quelqu'un qui te *nuit*?

ÈVE. Quelqu'un, quelque part, qui ferait de la médisance, quelqu'un de puissant qui aurait décidé de me mettre des bâtons dans les roues, on sait pas.

SÉBASTIEN *(la taquinant).* Genre, des ennemis littéraires ?

ÈVE. Oui !

SÉBASTIEN. Ben voyons, Ève, tu dis n'importe quoi...

ÈVE. ... on sait pas...

SÉBASTIEN *(qui la taquine, elle adore ça).* ... Je veux pas te manquer de respect, ma belle, mais les gens ont autre chose à faire que d'essayer de te nuire...

ÈVE *(le taponnant un peu, ravie).* T'es pas fin, Sébastien !

SÉBASTIEN. ... Pis de toute façon ça va bien, tes affaires, non ?

ÈVE. Oui, mais moi, je veux pas que ça aille bien, je veux beaucoup plus.

SÉBASTIEN. Je comprends ça, mais t'es jeune encore.

ÈVE. Des fois, j'ai quand même l'impression que c'est trop tard.

SÉBASTIEN. Trop tard pour quoi ?

ÈVE. Tu te souviens, quand on avait seize, dix-sept ans ? On pensait vraiment qu'on était... qu'on allait devenir... Tu vois ce que je veux dire ?

SÉBASTIEN. Oui.

ÈVE. Ouain…

SÉBASTIEN. T'en demandes beaucoup à la vie, hein?

ÈVE. Énormément. Trop, je sais. C'est pour ça que j'envie ta blonde.

SÉBASTIEN. C'est vrai qu'elle est belle à voir. Elle respire le bien-être, hein?

ÈVE. Ça change de tes blondes fuckées.

SÉBASTIEN. Oui, c'est fini pour moi, les fuckées.

*Élise fait descendre la main de Bruno plus bas sur son ventre.*

ÉLISE. Là, tu sens la bosse?

BRUNO. Oui, je pense que oui.

ÉLISE. C'est son siège. Il s'est pas encore retourné.

BRUNO. Est-ce que c'est grave?

ÉLISE. Non, mais comme ça me tente pas d'avoir une césarienne, j'ai rendez-vous avec mon ostéopathe lundi.

BRUNO. Ben oui, c'est une bonne idée.

ÈVE *(sans aucune méchanceté, un peu absorbée par ses pensées).* En fait, ce qui la sauve, Élise, c'est qu'elle a jamais été ambitieuse.

SÉBASTIEN. Ben là…

ÈVE. C'est vrai, on peut pas dire qu'Élise soit dévorée par l'ambition…

SÉBASTIEN. C'est vrai.

ÈVE. … Malgré ses dons extraordinaires, elle a choisi une profession humble…

*Élise et Bruno réagissent à un coup très fort du bébé.*

ÉLISE. Sébastien ! Ton fils est déchaîné !

SÉBASTIEN. C'est quoi ça, une profession humble ?

ÉLISE *(qui les a rejoints à table)*. De quoi vous parlez ?

ÈVE *(sincère)*. Je disais à Sébastien combien je t'admirais.

FRÉDÉRIC. Vous trouvez pas qu'on s'est embourgeoisés ?

ÉLISE. Pardon ?

ÈVE. Quoi ?

SÉBASTIEN. Bon, de quoi il parle, lui ?

ÈVE. On s'est embourgeoisés.

FRÉDÉRIC. Non, mais je dis ça… c'est pas grave, c'est juste que, avant on prenait des bières ensemble, pis maintenant on mange un carré d'agneau.

ÈVE. Tu l'aimes pas, mon carré d'agneau ?

BRUNO. *Ton* carré d'agneau ?

*Tout le monde rit. L'atmosphère est à la blague.*

ÈVE. Ben, c'était mon idée.

BRUNO. Euh… oui, c'était ton idée.

ÈVE. … Et tu l'as très bien exécutée, Bruno. Félicitations.

SÉBASTIEN *(complice, amorçant une citation)*. « Il y a l'exécution….

ÈVE. … mais il y a l'IDÉE ! »

ÉLISE. Ève, t'es épouvantable.

ÈVE. C'est vrai, je suis épouvantable, mais c'est parce que je suis très mal dans ma peau, c'est pas de ma faute, ça remonte à très loin, et alors j'ai besoin de me valoriser avec tout ce qui passe, même un simple carré d'agneau...

ÉLISE. Il est excellent ton carré d'agneau, Bruno.

ÈVE. ... Alors qu'est-ce que ça vous coûterait de me féliciter pour un carré d'agneau que j'ai pas fait, hein, vous qui êtes tous forts et beaux ?

BRUNO. Merci, Élise, je suis très heureux que tu apprécies mon carré d'agneau. Je l'ai fait spécialement pour toi.

SÉBASTIEN *(prenant Ève dans ses bras)*. Ohhhhh, ma belle Ève, viens me voir. Tu es formidable : tu as réussi à « non-faire » le meilleur carré d'agneau que j'aie goûté de toute ma vie.

ÈVE *(qui se laisse cajoler)*. Merci Sébastien. Tu es un homme d'une grande bonté.

*Tout le monde rit, sauf Fréderic, qui est dans ses pensées.*

FRÉDÉRIC. ... L'autre jour, j'étais au restaurant. Je mangeais seul. J'étais très bien. Et puis il y a un groupe d'amis qui s'est installé près de ma table. Des gens d'à peu près notre âge. Je me suis mis à les observer. Ils célébraient quelque chose. Ils avaient l'air heureux, et je les ai enviés. J'ai pensé à nous et je nous ai trouvés décevants, comme groupe d'amis. Pas à la hauteur. J'ai cherché à comprendre, tout en mangeant, ce qui faisait que je les trouvais bien mieux pourvus d'amitié que moi, ce qui faisait que je vous aurais tous laissés volontiers si seulement ils m'avaient pris avec eux.

ÈVE. Charmant. Qu'est-ce qu'il avait de si particulier, ce groupe d'amis ?

FRÉDÉRIC. Il avait l'air confortable. Je me suis dit que je serais sans doute très confortable auprès de ces gens, et j'ai eu une envie très forte de m'asseoir à leur table et de m'introduire dans leur fête sans que ce soit étrange ou étonnant, juste m'y glisser comme dans des draps tièdes, précautionneusement pour ne pas les froisser, m'y ranger comme une chose à sa place, me mêler à leur conversation et m'apercevoir qu'en fait, on se connaît depuis longtemps. Et alors je me mettrais à dire «nous» comme ils aiment le faire parfois pour bien se rappeler qu'ils sont un groupe d'amis et qu'ils seraient prêts à mourir l'un pour l'autre, et je ferais tout ce qu'il faut pour être de ce groupe d'amis, et parfois je les regarderais tour à tour, chacun des éléments de ce groupe d'amis formidable, en me disant combien il est formidable d'être de ce groupe d'amis, tout plein de chaleur et de connivence et de références à un passé de groupe d'amis.

Je me suis dit que je ferais n'importe quoi pour faire partie de ce groupe d'amis. Même si ça devait impliquer des épreuves d'admission, un genre de parcours initiatique, je serais prêt à relever le défi.

ÈVE. Est-ce qu'ils t'ont invité à leur table?

FRÉDÉRIC. Quoi?

ÈVE. Les amis confortables, est-ce qu'ils t'ont invité à leur table?

FRÉDÉRIC. Non, bien sûr que non.

ÈVE. Tu vois, Fred, c'est ça la différence. Nous, on t'invite encore à notre table.

FRÉDÉRIC. Qu'est-ce que tu veux dire?

ÈVE. Je veux dire que je connais pas beaucoup de groupes d'amis qui te toléreraient plus que cinq minutes à leur table.

BRUNO. Ève.

ÈVE. … à leur table ou ailleurs.

BRUNO. C'est correct, là.

ÈVE. Non, mais c'est vrai !

FRÉDÉRIC. Je sais c'est quoi qui te dérange, quand je suis à table avec vous.

ÈVE. Ah oui ?

FRÉDÉRIC. C'est que je t'empêche de prendre toute la place.

ÈVE. C'est ça. Bien sûr.

FRÉDÉRIC. J'ai jamais connu quelqu'un qui prend autant de place que toi, Ève.

ÉLISE. Fred, sois donc gentil, là.

FRÉDÉRIC. Tu joueras à la mère avec ton enfant, pas avec moi.

SÉBASTIEN. Ça va faire, Fred.

BRUNO. Fred, ça va aller…

FRÉDÉRIC. D'ailleurs, c'est à cause de votre enfant que tout le monde est bizarre.

ÉLISE. Quoi ?

FRÉDÉRIC. Oui, c'est comme s'il nous stressait, votre enfant. Vous avez pas remarqué ?

SÉBASTIEN. Hein ?

FRÉDÉRIC. Il est stressant, moi il me stresse, il est déjà source de discorde entre nous.

ÉLISE *(en riant)*. Ben voyons !

FRÉDÉRIC. Le souper a été pensé en fonction de l'enfant, on a fait exprès de faire un souper juste avant que l'enfant arrive, parce que dans le fond, tout le monde le sait, et vous aussi, que tout va changer à partir du moment où vous allez avoir un enfant.

ÉLISE. Relaxe, Fred.

FRÉDÉRIC. C'est comme votre dernier repas, c'est comme la Cène, oui, c'est ça, c'est comme si vous alliez mourir !

*Ellipse.*

ROMAN (LÉO). On pense qu'on va faire autrement, qu'on va faire mieux que tous les autres, on pense qu'on a plus d'amour à donner, on pense qu'aucune fatigue, aucun souci, aucune déception, aucune frustration n'aura raison de notre amour qui va être si grand, on croit qu'on va éviter tous les pièges, tous les écueils, tout à coup on pense que notre enfant aussi va nous aimer d'un amour plus grand que nature, que notre enfant nous aimera parfaitement pour avoir été si parfaitement aimé.

*Fin de l'ellipse, retour au départ des invités.*

FRÉDÉRIC *(sincèrement ému et admiratif).* Heureusement, hein, qu'il y a encore des gens assez fous pour faire des enfants ? Hein ?

ÉLISE. Ben oui, hein ?

FRÉDÉRIC. T'imagines si tout le monde était comme moi ?

ÈVE *(en riant).* On aime mieux pas imaginer !

FRÉDÉRIC *(sincère).* Ah, c'est amusant ça. J'aime ça quand tu me taquines, Ève.

BRUNO *(pour lui-même).* Oh boy.

ÉLISE *(à Fred).* Tu viens ? Sébastien nous attend.

FRÉDÉRIC. O.K. *(À Ève et Bruno :)* Hey, merci. Merci pour tout.

ÉLISE. Bye, merci encore.

FRÉDÉRIC. Excellent carré d'agneau. *(À Élise :)* Élise, je vais marcher finalement. Ça va me faire du bien.

ÉLISE. Comme tu veux.

BRUNO. À bientôt, on se lâche pas.

FRÉDÉRIC. Non, faut pas se lâcher, vous êtes ce que j'ai de plus précieux, et un jour je vais vous rendre fiers de moi. Hein ? Aimeriez-vous ça, être fiers de moi ?

ÈVE. On s'appelle demain ?

ÉLISE. O.K., salut !

*Bruit d'un accident de voiture. Ève et Bruno s'embrassent longuement.*

## HUITIÈME SCÈNE

ROMAN *(à l'écran)*. Chapitre 7. Ma mère est gentille.

ROMAN (LÉO). Quand Élise et Sébastien sont morts, ma mère a souhaité en être profondément transformée. La seule façon de combler cette perte était de la mettre à profit. Aussi, ma mère prit la résolution de devenir gentille. Elle ne savait pas par où commencer. « As-tu bien dormi ? » lui semblait une phrase avenante, un bon départ vers sa nouvelle manière d'être avec les autres. Oui, dorénavant elle se soucierait du confort des autres, et elle trouverait une façon de contribuer à ce confort.

*Ève est radieuse, empressée et pleine de bonne volonté.*

ÈVE. Bonjour ! Bon matin !

BRUNO *(un peu surpris)*. Bonjour, ma chérie.

ÈVE. Je te souhaite une excellente journée !

BRUNO. Tu t'en vas ?

ÈVE. Non, non, je voulais juste te souhaiter une bonne journée dès maintenant.

BRUNO. Merci, Ève. Bonne journée à toi aussi.

ÈVE. Je m'en vais pas, je pars pas, inquiète-toi pas, je partirai jamais sans prévenir d'avance.

BRUNO. Qu'est-ce que tu veux dire ?

ÈVE. Rien. Je me suis réveillée heureuse. Heureuse qu'on soit ensemble.

BRUNO. C'est le fun.

ÈVE. Veux-tu que je te fasse cuire des œufs?

BRUNO. Euh… non merci…

ÈVE. … il me semble que je te fais jamais cuire des œufs.

BRUNO. C'est pas grave, je mange pas vraiment le matin…

ÈVE. En tout cas, si tu changes d'idée, j'aimerais beaucoup te faire cuire des œufs. J'ai fait du café, t'en veux?

BRUNO. Je veux bien, merci.

ÈVE. As-tu bien dormi?

BRUNO. Euh, normal, pourquoi?

ÈVE. Quoi?

BRUNO. Pourquoi tu me demandes ça, j'ai bougé? Je t'ai dérangée?

ÈVE. Non, je sais pas, je dormais.

BRUNO. Alors pourquoi tu me demandes si j'ai bien dormi?

ÈVE. Ben… Comme ça, pourquoi pas?

BRUNO. Ah bon.

ÈVE. T'aimes pas ça, que je te demande si t'as bien dormi?

BRUNO *(en s'éloignant)*. Non non, c'est juste que t'es bizarre.

ÈVE. … Je suis pas bizarre, je suis gentille!

ROMAN (LÉO). Pourtant, d'un matin à l'autre, d'un réveil à l'autre, d'une année à l'autre, le même goût âpre lui revenait dans la bouche, alors bien sûr elle oubliait d'être gentille, comment lui en vouloir.

# NEUVIÈME SCÈNE

ROMAN *(à l'écran)*. Chapitre 8. Justine a disparu.

*Justine compte pour jouer à cache-cache avec Léo.*

JUSTINE. 1, 2, 3…

ROMAN (LÉO). Il arrive à mes parents de marcher côte à côte, en se tenant par la main, pendant que nous, les enfants, jouons à des jeux d'enfants.

JUSTINE. 7, 8…

ROMAN (LÉO). Voilà que nous devenons, tous ensemble, le temps d'une promenade sur le mont Royal, la famille que ma mère avait imaginée, exactement. Le genre de famille qui se promène sur le mont Royal le dimanche.

Nous sommes une photo qui se déplace, un tableau que les gens peuvent admirer à loisir, et pourtant il faudra bien que l'un de mes deux parents lâche la main de l'autre, éventuellement, c'est inévitable, on doit utiliser sa main pour faire autre chose.

Moi je sais le courage qu'il aura fallu à ma mère pour déplier le bras, tendre la main vers celle de mon père, chercher l'ouverture, puis joindre ses doigts à ceux de mon père et serrer doucement. Parce qu'il faut du courage pour toucher la main qui savait si bien nous émouvoir autrefois, pour admettre encore une fois que l'émoi n'aura pas lieu aujourd'hui mais que tant pis, ce n'est pas désagréable, à tout prendre, une main d'homme.

JUSTINE. ... 20 !

ROMAN (LÉO). Au bout de vingt secondes, ma mère ne tient plus. Elle retire sa main, sans pouvoir contenir son agacement, avec une brusquerie qu'elle regrette aussitôt, prétextant une crampe ou une démangeaison. Elle sait bien qu'il n'est pas légitime d'en vouloir à mon père pour le frisson qu'elle n'a pas eu à lui tenir la main. Mais c'est plus fort qu'elle. Elle est tellement déçue. Elle n'a jamais accepté l'impermanence de toutes choses. Elle en veut à mon père parce qu'elle est bien obligée de vieillir devant lui, sous ses yeux, à découvert, et qu'il n'y peut rien changer.

*Justine trouve Léo tout de suite. Léo compte à son tour.*

LÉO. 1, 2, 3...

ÈVE. Tu sais quoi, Bruno ?

BRUNO. Quoi ?

ÈVE. Je pense que j'ai trouvé mon problème.

BRUNO. Ah oui ?

LÉO. 7, 8...

ÈVE. Je suis beaucoup trop centrée sur moi-même.

BRUNO. Ah bon ?

ÈVE. C'est pas de l'amour-propre, il faut pas confondre, je m'aime presque pas. Je te jure, je m'aime vraiment pas beaucoup. Mais on dirait que je peux pas m'empêcher d'être attentive à moi-même. C'est épuisant, ça demande beaucoup de concentration.

BRUNO *(avec un sourire)*. J'imagine.

LÉO. 14, 15...

ÈVE. Te moque pas de moi. Je trouve que c'est une belle preuve d'humilité que je partage ça avec toi.

BRUNO. C'est vrai.

ÈVE. ... D'un autre côté, si j'étais pas comme je suis, j'écrirais pas, c'est sûr. Non?

BRUNO. Je sais pas.

LÉO. 20!

ÈVE. Je pense qu'il faut être un peu monstrueux, pour écrire. Tu penses pas?

BRUNO. Pas nécessairement...

ÈVE. Tu sais, longtemps, j'ai cru qu'on finissait par choisir qui on est. Qu'avec un peu d'effort, on avait le pouvoir de décider qui on serait. Que les gènes, l'éducation, le milieu, les expériences, tout ça, c'était juste des excuses pour les mauvaises décisions qu'on prenait. Tu vois ce que je veux dire?

BRUNO. Oui.

ÈVE. Alors souvent, je me disais: si je veux être une personne... je sais pas, moi, bienveillante. J'ai juste à décider une fois pour toutes d'être bienveillante, pis je vais devenir une personne bienveillante. Tu comprends?

BRUNO. Oui.

ÈVE. Mais aujourd'hui je me rends compte que c'est pas vrai, ça marche pas, on est pogné à être ce qu'on est pis qu'on a pas choisi: pas plus, pas mieux, même avec la meilleure volonté du monde. Toi, tu voudrais être quoi?

BRUNO. Hein?

LÉO *(qui cherche Justine)*. Justine?

ÈVE. Tu voudrais être comment?

BRUNO. Ben là, je sais pas, là, ça va bien...

ÈVE. Je parle, genre, une amélioration…

BRUNO. Excuse-moi, je sais pas quoi te répondre. Je réfléchis pas de cette façon-là.

ÈVE *(sincère, sans ironie)*. Tu veux dire que tu changerais *rien*? Tu es entièrement content de toi? Tu te conviens?

BRUNO. C'est juste que ça me viendrait pas à l'esprit de me choisir une épithète que je pourrais éventuellement m'attribuer moyennant un travail personnel.

LÉO. Justine?

ÈVE *(sincère, sans méchanceté)*. Ahhh, ben là, je comprends que ça aille bien, tes affaires. Moi aussi, je serais toujours de bonne humeur, si je me convenais. T'as vraiment une joie de vivre, toi, hein?

BRUNO. Quoi?

ÈVE. T'es vraiment comme *heureux*, hein? Je veux dire, inconditionnellement heureux, comme à la *base*, je veux dire.

BRUNO. Tu dis ça comme si c'était déplacé.

LÉO *(qui s'inquiète)*. Justine?

ÈVE. Hein? Non, non, c'est juste que ça me fascine, ça m'intrigue, mais c'est très bien, je veux dire, ça a l'air le fun être comme toi. Et puis c'est agréable pour l'entourage, je dois reconnaître… C'est juste que j'ai du mal à comprendre comment on peut être *et* brillant, *et* heureux.

BRUNO. Je vois pas de quoi je me plaindrais, je trouve que je suis très privilégié.

ÈVE. Bien sûr, je suis d'accord, on est privilégiés, c'est pas la question…

*Elle croise le regard inquiet de Léo.*

Qu'est-ce qu'il y a encore, Léo ?

LÉO. Justine…

ÈVE. Elle est où, Justine ?

LÉO. Elle a disparu.

*Bruno, Ève et Léo cherchent Justine. C'est vite la panique et tout le monde appelle Justine.*

## DIXIÈME SCÈNE

*Sous les cris, Justine est devenue une grande ado de quinze ans. Justine refuse de répondre aux appels incessants des membres de sa famille.*

JUSTINE. J'ai toujours détesté mon prénom. C'est pour ça que je répondais pas quand ils m'appelaient.

ROMAN (LÉO). Régulièrement, Justine disparaissait. Ce dimanche-là, elle s'était cachée derrière une grosse racine, et plus nos appels devenaient désespérés, moins elle se sentait capable d'y répondre.

JUSTINE. J'étais petite, mais je savais que c'était mal, je savais que je me ferais disputer, et plus le temps passait, plus je me ferais disputer, alors je me suis dit que le mieux, ce serait que je fasse semblant de dormir, comme ça ce serait pas de ma faute si je leur avais pas répondu.

*Retour au repas.*

FRÉDÉRIC. D'ailleurs, c'est à cause de votre enfant que tout le monde est bizarre.

ÉLISE. Quoi ?

FRÉDÉRIC. Oui, c'est comme s'il nous stressait, votre enfant. Vous avez pas remarqué ?

SÉBASTIEN. Hein ?

FRÉDÉRIC. Il est stressant, moi il me stresse, il est déjà source de discorde entre nous.

ÉLISE *(en riant)*. Ben voyons !

FRÉDÉRIC. Le souper a été pensé en fonction de l'enfant, on a fait exprès de faire un souper juste avant que l'enfant arrive, parce que dans le fond, tout le monde le sait, et vous aussi, que tout va changer à partir du moment où vous allez avoir un enfant.

ÉLISE. Relaxe, Fred.

FRÉDÉRIC. C'est comme votre dernier repas, c'est comme la Cène, oui, c'est ça, c'est comme si vous alliez mourir !

ÈVE *(s'allumant une cigarette et en offrant machinalement une à tout le monde, même à Élise).* Bon, ça suffit, là, Fred, il y a personne qui va mourir ici, pis si jamais ça te tente de changer d'amis, tu peux aller t'en chercher dans des restaurants.

SÉBASTIEN. C'est un peu tendu, là.

ÈVE *(marmonnant, mais pour être entendue).* Ça va faire, là, les délires de Fred...

*Sébastien s'allume une cigarette.*

BRUNO. T'as raison, c'est un peu tendu. *(Il se lève.)*

ÈVE *(toujours en marmonnant, mais pour être entendue).* ... Après ça c'est moi qui prends de la place, ah ben, câline.

SÉBASTIEN *(à Élise, qui le regarde).* Juste une...

ÉLISE. C'est pour toi, c'est pas pour moi.

*Bruno monte soudainement le volume de la musique. Ils sont tous obligés de crier pour se faire entendre.*

ÈVE. Bruno ! Qu'est-ce que tu fais ?

BRUNO. Je te surprends, mon amour ! Je te prends par surprise !

ÈVE. O.K., arrête de me surprendre, là, pis baisse la musique !

BRUNO. T'es-tu surprise ?

ÈVE. Oui ! Oui ! Je suis surprise ! Baisse le son !

BRUNO. Je me suis dit que ce serait surprenant de monter le son d'un seul coup ! Vous voyez ce que je veux dire ? Un homme discret, tranquille, qui monte le son tout d'un coup, ça surprend toujours, n'est-ce pas ?

ÈVE. Voyons, Bruno, qu'est-ce qui te prend ?

ÉLISE. Ève, écoute !

ÈVE. Quoi ?

ÉLISE. Écoute !

*Ève écoute et reconnaît la chanson qui lui rappelle ses années de collège avec Élise.*
*Élise et Ève se lèvent et crient comme des souris, presque hystériques.*

ÈVE et ÉLISE *(ensemble)*. C'EST NOTRE CHANSON ! ! !

*Moment où ils dansent, créant ainsi le tableau de la prochaine scène.*

ROMAN *(à l'écran)*. Chapitre 9. Justine ne danse pas.

JUSTINE. « Justine », c'est vraiment le genre de nom qu'on donne aux filles de bonne famille entourées de filles de bonne famille. Mon père nous appelle, avec son humour plein de culture, *les jeunes filles en fleurs*.

ROMAN (LÉO). Le collège, l'uniforme, les bonnes valeurs, le poids santé, la queue de cheval blonde, même l'appareil dentaire et les leçons de piano.

La vie de Justine manquait absolument de danger. Elle sortait parfois, le vendredi soir, avec ses amies du collège. Elles avaient toutes quatorze ou quinze ans, mais le propriétaire du bar faisait semblant de croire qu'elles en avaient dix-huit, évidemment.

JUSTINE. J'ai jamais su danser. Je regardais mes amies, je les trouvais belles, elles ondulaient comme des algues sur la piste de danse, avec une expression adéquate sur le visage, une sorte de joie grave, il me semblait, parfois en poussant quelques cris, jamais au moment où je m'y attendais, ça me faisait sursauter. J'étais épatée par leur liberté, leur souplesse, leur bonheur apparent, mais j'arrivais pas à faire comme elles.

# ONZIÈME SCÈNE

*Dans la rue.*

ROMAN *(à l'écran)*. Chapitre 10. Justine dans le noir.

JUSTINE. Ils traînaient souvent près du métro. J'avais peur, très peur d'eux. C'étaient des Noirs, et c'est exactement ce qui m'effrayait : leur noirceur. Cette obscurité qui se poursuivait jusqu'en dessous de leurs vêtements, je le savais, je savais qu'il faisait noir sous leurs vêtements et ça m'effrayait. Même si j'avais du mal à l'admettre, c'était précisément parce qu'ils étaient noirs que j'avais peur des Noirs. Ils étaient groupés en tas, comme des corbeaux. Si je posais le pied tout près d'eux, est-ce qu'ils allaient s'envoler ?

J'ai décidé de passer à côté d'eux plutôt que de faire mon détour habituel. Je voulais être brave, je voulais signifier que nous pouvions partager la même vie, la même ville, le même trottoir sans nous gêner, harmonieusement.

ROMAN (LÉO). Son cœur battait, battait tellement fort, elle a cru qu'il soulevait son chandail. Justine avait honte de ses genoux blancs qui dépassaient de sa jupe comme deux poings dressés.

JEUNE HOMME NOIR. Scuse-moi, t'as-tu une cigarette ?

JUSTINE. On m'avait prévenue, à l'école, dans leur campagne de prévention, que rien serait gratuit. Que les Noirs pourraient bien m'offrir des cadeaux, comme une ruse, comme un piège, pour demander autre chose en retour.

*(Au jeune homme noir.)* Non, désolée, je fume pas.

JEUNE HOMME NOIR. T'habites-tu proche d'ici?

JUSTINE. Et moi j'avais justement envie de donner quelque chose à quelqu'un.

Oui j'habite par là...

JEUNE HOMME NOIR. Ah, je t'avais jamais vue. Il est quelle heure, s'il te plaît?

JUSTINE. On m'avait prévenue, aussi, dans leur campagne de prévention, de cette soumission que les Noirs exigeraient de moi. Ça me convenait parfaitement parce que j'avais envie de les servir. Mes cours d'histoire m'apprenaient que je les avais indirectement offensés, alors moi je voulais obtenir leur pardon.

*(Au jeune homme noir.)* Il est onze heures et cinq.

JEUNE HOMME NOIR. Tu rentres de bonne heure, pour un vendredi soir. Le party était plate à ce point-là?

JUSTINE. Bien sûr, on disait pas «les Noirs» quand on nous prévenait contre eux, ça aurait été mal vu de dire «les Noirs», et pas tout à fait exact, mais je les reconnaissais, il s'agissait bien d'eux.

*(Au jeune homme noir.)* Oui, c'était plate.

JEUNE HOMME NOIR. Je comprends ça, ça arrive. Comment tu t'appelles?

JUSTINE. On me prévenait que les Noirs feraient de moi leur propriété. L'idée me ravissait. Je voulais justement plus m'appartenir. Ça me rendait trop inconfortable, ma propre appartenance, je savais pas quoi en faire.

*(Au jeune homme noir.)* Justine.

JEUNE HOMME NOIR. Écoute, Justine, si ça te tente, je m'en vas à un party à deux rues d'ici, tu peux venir, ça va être le fun.

JUSTINE. Je transportais un sac d'école le matin, je le transportais à nouveau le soir. Entre-temps j'avais souvenir de rien. J'avais pensé aux Noirs toute la journée. Ils m'apprendraient à danser pour eux.

*(Au jeune homme noir.)* C'est que... il faut que je sois chez nous avant minuit.

JEUNE HOMME NOIR. Comme Cendrillon.

JUSTINE. C'est ça...

JEUNE HOMME NOIR. Pas de problème, on va juste faire un tour, pis je te reconduis après.

JUSTINE. Je pensais que la violence serait impossible entre nous, parce que je les aimerais trop. Ils me feraient jamais mal parce que je serais obéissante et consentante.

*(Au jeune homme noir.)* O.K.

JEUNE HOMME NOIR. Cool. T'es vraiment cool, Justine. Je vais te présenter à mes amis.

ROMAN (LÉO). Alors, parmi eux, comme dans un lac profond, Justine serait une algue ondoyante, libre et enracinée, et enfin elle n'aurait plus peur du noir, plus jamais.

*La scène qui suit est le début de la quatorzième scène (la scène du «pacte» entre Ève et Léo). J'aimerais qu'on la voie (ou qu'on l'entende) de l'extérieur de la maison. Donc dans la rue, donc dans le noir, comme une scène qu'on verrait à travers une fenêtre. Du point de vue de la rue. De cette façon, on «pénétrera» dans la scène, dans la maison, quand arrivera la quatorzième scène.*

ROMAN (LÉO). … mais nous réjouir pourtant comme si tout ça avait de l'importance, les naissances et les morts et leurs enfants, et nous tous, qui ne passerons pas à l'histoire, ou du moins pas autrement que collectivement, nous l'avons enfin compris, enfin, comme le dit souvent ma mère, pouvons-nous rire de la vanité de notre quête, celle de ne pas mourir tout à fait, de défier le temps avec quelques mots et enfin d'être aimés pour ce que nous ne sommes pas.

Montréal, 13 janvier 2009.

ÈVE. … Alors ?

LÉO. …

ÈVE. Tu peux le dire, tu sais, si t'aimes pas mon roman. T'as peur que je sois démolie si t'aimes pas mon roman ?

LÉO. Maman, arrête. C'est un très bon roman, je te félicite…

ÈVE. Attends, tu vas pas me dire que j'ai écrit « un très bon roman », c'est pas vrai. Parce que si j'ai écrit « un très bon roman », autant me tirer une balle dans la tête, hein. Je suis pas venue au monde pour écrire « un très bon roman », moi.

LÉO. Écoute, je sais pas quel adjectif tu souhaites que j'utilise, là…

ÈVE. Moi, c'est tout ce qui me reste. Oublie pas ça.

LÉO. « Tout ce qui me reste. » T'as vraiment le sens du drame, toi…

ÈVE. Oui, pis c'est mon sens du drame qui a payé la maison, O.K. ?

LÉO. O.K., qu'est-ce que tu veux que je te dise ? Sois claire, au lieu d'essayer de me piéger.

ÈVE. Je sais pas, mais moi, à ta place, je serais honorée.

LÉO. T'es pas à ma place.

ÈVE. C'est pas une preuve d'amour, ça? C'est pas la plus grande preuve de mon amour pour toi? T'es pas touché?

LÉO. Maman, je suis très touché par ton roman, je te jure.

*Entrevue de Léo (à l'écran).*

LÉO. ... Est-ce que j'irais jusqu'à dire que l'écriture est la meilleure part de soi? Je sais pas. Ce serait dommage. Un genre de rattrapage? Un genre de sphère où on est moins odieux que d'habitude? À ce moment-là il faudrait écrire sans arrêt, sans relâche pour prétendre à quelque chose... Je suis trop paresseux pour ça! (*Rire du public.*)

*On quitte l'entrevue.*

# DOUZIÈME SCÈNE

*Dans la maison.*

ÈVE. … C'est son *consentement* que je trouve insupportable. Tu comprends ?

BRUNO. Oui.

ÈVE. Je pensais que j'avais transmis à Justine une sorte de… fierté. Qu'elle serait fière d'être une femme qui pense, qui étudie, qui réfléchit, qui peut avoir du… pouvoir.

BRUNO. Pourquoi tu ramènes tout à toi ? « *J*'avais transmis à Justine… »

ÈVE. Parce que je suis sa mère !

BRUNO *(soudain hors de lui)*. Oui, mais ta fille, elle en veut pas de pouvoir ! Elle veut pas réfléchir ! Elle veut pas ! Elle trouve ça ben moins forçant de se faire payer des gadgets par une gang de Noirs. C'est-tu de notre faute ?

ÈVE. Arrête de crier.

BRUNO. C'est-tu de notre faute, si elle veut pas qu'on la sorte de là ?

ÈVE. Bruno, calme-toi, là…

BRUNO. … Ils sont là, les intervenants, à jamais intervenir, à nous dire qu'elle reste parce qu'elle a peur, mais nous on le sait : elle a pas peur, elle trippe ! Elle trippe à sucer des Noirs !

ÈVE. Arrête, Bruno ! Tu dis n'importe quoi ! Tais-toi !

BRUNO. Ben oui, « tais-toi, Bruno ! » Il faut que je me taise, encore ! Il y a seulement toi qui as le droit de faire des éclats ! Il y a seulement toi qui as le droit de faire chier tout le monde avec tes états d'âme de femme ! Moi, je dois te comprendre, te consoler, pis te dire que t'es bonne. Te dire que c'est pas de ta faute. Que c'est pas de ta faute, si ta fille a une image complètement fuckée de la sexualité ! C'est pas de ta faute, mais t'as tellement surveillé que ses jupes soient pas trop courtes, que ses chandails montent pas au-dessus de son nombril, qu'elle porte pas de talons hauts, qu'elle se maquille pas, parce que ça ferait mauvais genre, hein ? ça ferait vulgaire ! Alors tu l'as empêchée, tu l'as même traitée de guidoune !

ÈVE. J'ai jamais traité Justine de guidoune !

BRUNO. Oui ! J'étais là ! Elle avait onze ans, elle est sortie de la salle de bain trop maquillée, elle s'était mis du vernis à ongles rouge pis un t-shirt moulant, elle est sortie, elle nous a regardés dans les yeux, elle avait envie qu'on réagisse, peut-être qu'elle avait envie que je lui dise qu'elle était belle et désirable, pis toi t'as eu tellement peur, tellement peur en la voyant, alors tu lui as dit qu'elle avait l'air d'une guidoune !

ÈVE. Et alors ?!! C'est vrai qu'elle avait l'air d'une guidoune !

BRUNO. Elle avait pas l'air d'une guidoune. Elle avait l'air d'une mannequin.

ÈVE. C'est pareil.

BRUNO. Non. C'est pas pareil.

ÈVE. Peu importe. Une mère a le droit de contrôler la tenue vestimentaire de sa fille de onze ans !

BRUNO. En fait, ce que t'acceptais pas, c'était de t'apercevoir qu'elle était capable d'être désirable, que, quelque part, elle entrerait bientôt sur le marché des femmes désirables et que les hommes allaient la regarder avec appétit, qu'elle deviendrait ta rivale, pis qu'elle allait te planter.

*Ève gifle Bruno.*

Ben oui, vas-y! Profites-en, t'as le droit de perdre le contrôle, toi. Moi aussi, des fois, j'ai le goût de te frapper, Ève. Sauf que moi j'ai pas le droit. J'ai pas le droit de frapper, moi. C'est ça la différence. (*Il part, triste.*)

*Entrevue de Léo (à l'écran).*

LÉO. … Non, aucune recherche. Je tenais à parler de ça d'un point de vue strictement perceptif. Donc trompé. Idéalement, poétique. Parce que, dans le livre, ma sœur joue en quelque sorte le rôle de celle qui s'immole, qui se sacrifie au nom d'un idéal qu'elle est la seule à comprendre, un idéal qui n'existe pas, si vous voulez.

*On quitte l'entrevue.*

ÈVE. Léo…

LÉO. Quoi?

ÈVE. T'as eu des nouvelles de Justine?

LÉO. Non.

ÈVE. C'est pas vrai, tu mens, elle a appelé, je le sais.

LÉO. Pourquoi tu me poses la question, alors?

ÈVE. Qu'est-ce qu'elle t'a demandé?

LÉO. De l'argent, qu'est-ce que tu penses? Tu penses qu'elle a appelé pour me demander comment j'allais?

ÈVE. Tu vas lui en donner?

LÉO. Bien sûr que je vais lui en donner.

ÈVE. Léo, sacrament! Je te l'ai dit: ils ont déconseillé d'en donner! Il faut pas lui en donner si on veut qu'elle sorte de là! Tu l'aides pas!

LÉO. Ben oui, pis moi je vais lui dire: Je t'en donne pas, fais-toi casser la gueule par ta gang de Noirs, c'est pour ton bien, je veux t'aider?!

ÈVE. Tu comprends rien.

LÉO. C'est ça. Pis toi t'as tout compris.

ÈVE *(en partant)*. Chus tannée! Chus tellement tannée! Ostie que chus tannée! J'aurais dû avorter! Avorter pis avoir la paix!

# TREIZIÈME SCÈNE

ROMAN *(à l'écran)*. Chapitre 11. Le cauchemar de ma mère.

JEUNE HOMME NOIR *(à l'écran : il a une bande noire sur les yeux pour cacher son identité et sa voix est trafiquée).*

… Tu y donnes un bijou, un parfum, un cellulaire, d'la drogue. T'a gâtes un peu. Là a tombe en amour avec toi. C'est vraiment facile. Tu y dis qu'est pas comme les autres, pis a te croit. À treize, quatorze ans, les filles sont prêtes à croire n'importe quoi.

*Jump cut.*

Moi je dis, *if you gotta be a monkey, be a gorilla.* Fait que j'vas pas être un petit dealer de merde pis me faire chier avec la job plate. Non, tant qu'à être là-dedans, moi je reste en haut de la pyramide, O.K. ?

*Jump cut.*

Toute. J'ai toute faite c'que tu peux imaginer. Taxage, *drive-by shooting,* jacker du monde, mettre du monde dans le coma… y a rien que j'ai pas faite. Fait qu'astheure j'ai le respect. *I'm a gorilla.*

*Freeze frame.*

ÈVE *(s'adressant à l'image sur l'écran)*. Bonjour.

Je… j'habite pas loin… je peux vous parler ?

Je suis pas journaliste, je suis pas de la police, j'ai pas d'argent sur moi…

Je veux juste vous dire…c'est que… ah, c'est tellement difficile.

Si jamais vous décidez de me tuer, faites juste attendre que j'aie fini de parler, d'accord?

C'est ma fille… Justine… elle… elle est… avec vous, je le sais, et j'aimerais qu'elle… arrête d'être avec vous. Pour toujours.

Et je sais plus à qui parler, à qui me référer, alors je me suis dit que le mieux, c'était de venir vous rencontrer… directement. Je me suis dit que, comme je suis très vulnérable, peut-être que vous me prendriez en pitié, ou peut-être que ma vulnérabilité vous saisirait au point que vous soyez incapable de me tuer…

Excusez-moi, je suis étourdie…

ROMAN (LÉO). En rêve, ma mère récupère Justine, qui a la taille d'une poupée.

Ma mère contemple sa poupée, l'observe de tous les côtés, la serre contre elle, lui fait dire *je t'aime*, puis l'échappe, l'abîme un peu, s'en lasse, la perd, l'oublie.

Beaucoup plus tard, ma mère retrouve sa poupée, qui a toujours son sourire de poupée parce qu'une poupée ne vous reproche rien.

Ma mère la déshabille et la glisse en elle, lui fait faire le chemin inverse, inverse à la naissance, jusqu'à ses entrailles. Justine est alors de nouveau une poupée logée dans le ventre de ma mère, et ma mère peut l'espérer à nouveau, la souhaiter en fermant les yeux et jurer que, si elle obtient la poupée désirée, jamais elle ne l'échappera, ne l'abîmera, ne s'en lassera, ne la perdra ni ne l'oubliera.

## QUATORZIÈME SCÈNE

ÈVE. … Alors?

LÉO. …

ÈVE. Tu peux le dire, tu sais, si t'aimes pas mon roman. T'as peur que je sois démolie si t'aimes pas mon roman?

LÉO. Maman, arrête. C'est un très bon roman, je te félicite…

ÈVE. Attends, tu vas pas me dire que j'ai écrit « un très bon roman », c'est pas vrai. Parce que si j'ai écrit « un très bon roman », autant me tirer une balle dans la tête, hein. Je suis pas venue au monde pour écrire « un très bon roman », moi.

LÉO. Écoute, je sais pas quel adjectif tu souhaites que j'utilise, là…

ÈVE. Moi, c'est tout ce qui me reste. Oublie pas ça.

LÉO. « Tout ce qui me reste. » T'as vraiment le sens du drame, toi…

ÈVE. Oui, pis c'est mon sens du drame qui a payé la maison, O.K.?

LÉO. O.K., qu'est-ce que tu veux que je te dise? Sois claire, au lieu d'essayer de me piéger.

ÈVE. Je sais pas, mais moi, à ta place, je serais honorée.

LÉO. T'es pas à ma place.

ÈVE. C'est pas une preuve d'amour, ça? C'est pas la plus grande preuve de mon amour pour toi? T'es pas touché?

LÉO. Maman, je suis très touché par ton roman, je te jure.

ÈVE. Alors je te l'offre. Prends-le.

LÉO. Voyons, je peux pas faire ça, maman.

ÈVE. Pourquoi pas ?

LÉO. Parce que… c'est à toi, c'est toi… tu dois signer ton livre, c'est tout.

ÈVE. Ça va mieux marcher si c'est toi.

LÉO. De quoi tu parles ?

ÈVE. Un jeune, une nouvelle voix, tout ça, ça va marcher.

LÉO. Tu dis n'importe quoi.

ÈVE. T'as une meilleure personnalité, en plus. T'es vraiment plus sympathique que moi. T'as plus de potentiel à être aimé. Oui, je te regarde, là, t'as un visage médiatique.

LÉO. C'est ça, oui.

ÈVE. Et puis t'es un homme. C'est mieux, un homme.

LÉO. Bon, il me semblait, aussi.

ÈVE. Tu trouves pas que c'est un bon livre, dans le fond ? C'est ça ?

LÉO. C'est pas la question. C'est pas un livre que j'ai écrit, c'est tout.

ÈVE. Je te demande rien en retour, tu sais.

LÉO. Je sais.

ÈVE. Je le dirai à personne… Où tu vas ?

LÉO. Nulle part. Promener le chien.

ÈVE. Il aime pas ça, se promener!

LÉO. Pas grave.

ÈVE. Attends! Tu m'as même pas dit pourquoi tu veux pas!

LÉO. Arrête, là, maman.

ÈVE. Je comprends pas pourquoi tu refuses. Qu'est-ce que t'as à perdre? Tu fais rien de mieux pis tu feras peut-être jamais rien de mieux que ce roman-là.

LÉO. C'est ça.

ÈVE. Je crois vraiment que c'est un roman qui pourrait… faire du bruit, tu comprends? Être récompensé, peut-être.

LÉO. Je te le souhaite, maman. De tout mon cœur.

ÈVE. Mais pour ça, j'ai besoin de toi, j'ai besoin que tu le signes, tu comprends?

LÉO. Non.

ÈVE. En plus c'est toi le narrateur! C'est toi qui parles, dans mon livre! Je t'ai fait parler! Je veux que tu signes!

LÉO. Tu te rends pas compte de ce que tu me demandes, maman. Il y a des choses que je peux pas faire pour toi.

ÈVE. Qu'est-ce que ça peut bien faire, que ce soit toi ou moi, l'auteur? Tant que le livre existe, tant qu'il est lancé, de toute façon personne parlera du livre, je veux dire, ils parleront *du fait* que tu as écrit un livre, mais du livre lui-même, non, ils en parleront jamais, ils le liront même pas vraiment, alors autant leur donner un auteur séparé du livre, puisque c'est l'auteur qu'ils veulent, avec ou sans livre, peu importe, un auteur qui parlera de lui, et à la rigueur un peu de son livre en passant, mais si c'est pas son livre c'est pas grave, je te promets que c'est pas grave ! Je veux pas être l'auteur ! J'ai tout juste eu la force d'écrire ce livre, mais ne me demandez pas d'en être l'auteur !

LÉO. Et puis arrête de te citer, c'est vraiment pénible.

*Elle sort, en pleurs. Léo replonge dans le manuscrit, attiré malgré lui.*

ROMAN (LÉO). Depuis que ma mère est aussi la mère de ma sœur, j'ai cherché à ce qu'elle m'aime pour tout ce que je ne suis pas. Je ne suis pas l'enfant turbulent, je ne suis pas l'enfant tapageur, je ne suis pas l'enfant capricieux, je ne suis pas l'enfant qu'on a perdu dans la montagne, qu'on a appelé désespérément et qui s'est joué de vous en ne répondant pas, je ne suis pas l'enfant qui est parti en claquant la porte après avoir proféré des injures, je ne suis ni cruel, ni impitoyable, ni indifférent. Alors, avec tout ce que je ne suis pas, je me demande comment fait ma mère pour m'aimer aussi peu.

LÉO. Maman !

*Entrevue de Léo (à l'écran).*
*On sent que l'atmosphère est passée à la confidence. Léo a habilement quitté le mode humoristique. Encore une fois il est parfait. Il vient de recevoir un très beau compliment de l'animateur.*

LÉO. ... Merci, merci beaucoup. Ça me touche beaucoup ce que vous venez de dire, parce que, j'ai beau plaisanter autour de ça, vous avez raison : mon livre est une sorte d'hommage à ma mère, malgré tout. Et peut-être que ça explique le... ben, le succès, ou en tout cas la popularité de ce livre, c'est que, quelque part, tout le monde aimerait un jour ou l'autre rendre hommage à sa mère, peu importe quelle sorte de mère elle aura été.

*(Question de l'animateur.)* Non, non, elle m'a jamais dit ce qu'elle pense de mon livre… je sais même pas si elle l'a lu ! *(Rire du public.)*

*On quitte l'entrevue.*

## QUINZIÈME SCÈNE

*Dans un café.*

JUSTINE *(ramassant son sac, nerveuse).* En tout cas, merci. Merci vraiment. T'as apporté 500 ?

LÉO. Oui.

JUSTINE *(elle attend l'argent pour partir).* Merci. Merci, Léo. C'est cool. Hey, il est mieux de faire réparer l'auto, l'autre fois je lui donne 500 piasses pour réparer l'auto, il me dit qu'il va faire réparer l'auto, *next thing I know* il fait pas réparer l'auto pis le 500 piasses a disparu. *(Temps. Elle se lève pour partir, mais elle attend que Léo lui donne l'argent.)* Fait que…

LÉO. Attends un peu, tu t'en vas pas tout de suite ?

JUSTINE. Je peux pas rester longtemps.

LÉO. Je sais, mais tu peux quand même finir ton café.

JUSTINE *(se rasseyant).* O.K. (*Temps. En feignant l'intérêt :)* Pis toi ? Comment ça va ?

LÉO. Pourquoi c'est à toi de payer pour faire réparer son auto ?

JUSTINE. Hein ?

LÉO. Pourquoi c'est toi qui mets 500 piasses sur son auto à lui ?

JUSTINE. Laisse faire, ce serait trop long à t'expliquer.

LÉO. C'est *votre* auto ?

JUSTINE. Non, c'est pas *notre* auto, qu'est-ce que tu veux que je fasse avec une auto, je sais même pas conduire !

LÉO. ... J'en reviens pas.

JUSTINE. Tu sais, ça me fait plaisir de lui donner de l'argent, il en a pas, d'argent.

LÉO. Il a pas d'argent ?

JUSTINE. Non. *(Temps.)* Il est trop généreux.

LÉO. Il est pas généreux, il achète les gens !

JUSTINE. Tu vois ? Je peux pas parler avec toi, tu comprends rien !

LÉO. Excuse-moi, c'est juste que...

JUSTINE. Ben c'est ça.

LÉO. J'essaie juste de comprendre ce qui t'empêche de partir.

JUSTINE. Partir où ?

LÉO. Je veux dire de le sacrer là, de toute sacrer là, pis de... de rentrer à la maison.

JUSTINE. C'est maman qui t'a demandé de me parler ?

LÉO. Non.

*Le cellulaire de Justine sonne.*

JUSTINE. Alors pourquoi tu me retiens ici ? T'as autre chose à faire, pis j'ai autre chose à faire. Alors pourquoi tu me donnes pas l'argent qu'on en finisse ?

LÉO. Je vais te le donner ton argent, inquiète-toi pas !

JUSTINE. Ben, donne-le sans faire de chantage, d'abord ! *(Elle répond à son cellulaire :)* Allô. ... Je te l'ai dit, je suis avec mon frère... Ben oui, tout de suite après, relaxe, là... C'est ça bye. *(Elle raccroche.)*

LÉO. Je voulais juste… parler avec toi, Justine, c'est pas du chantage.

JUSTINE. C'est ça. Le problème, c'est que tout le monde veut parler avec moi.

LÉO. Tu te demandes pas pourquoi ?

JUSTINE. Je le sais ben, pourquoi, je suis pas idiote.

LÉO. Justement, t'es pas idiote, t'étais une élève brillante, t'es belle, t'es jeune…

JUSTINE. Ben oui, pis là je suis toute en train de gâcher mon beau potentiel, hein ?

LÉO. …

JUSTINE. Je fais du sabotage de potentiel. Je refuse à la société l'immense cadeau de mon potentiel. Je suis un scandale.

LÉO. …

JUSTINE. Mais toi, Léo, tu fais quoi, avec ton beau potentiel qui fait rêver la société ? Tu traînes à l'université aux frais des parents. T'étudies en littérature pour plaire à maman. Mais tu fais quoi ? Tu fais rien. Tu réfléchis. Pis plus tu réfléchis, moins tu sais quoi faire. Parce que la vérité c'est que c'est désespérant, réfléchir. Littéralement, ça prive d'espoir. Alors moi j'ai arrêté.

LÉO. De réfléchir, ou d'espérer ?

JUSTINE. Hein ? Regarde, j'ai mal à la tête, là…

LÉO. J'ai écrit un roman, pis il va être publié.

JUSTINE. C'est ça. Bon, elles sont où, les toilettes ?

LÉO. Tu me crois pas ?

JUSTINE. Sont où ?

LÉO. Là-bas.

JUSTINE. Je reviens.

LÉO. Tu penses que je suis pas capable d'écrire un roman, c'est ça?

*Justine part aux toilettes.*
*Le cellulaire de Justine sonne. Léo se demande quoi faire. On doit comprendre qu'il est tenté de répondre, mais il se demande si c'est une bonne idée. Le téléphone sonne plusieurs coups. Léo décide de répondre, il est hors de lui.*

LÉO *(il hurle)*. Allô!

*Il raccroche aussitôt, on comprend qu'il a répondu trop tard et qu'il n'y a plus personne au bout de la ligne. Il met rageusement le cellulaire et l'argent dans le sac de Justine, et part tandis qu'elle revient des toilettes.*
*Entrevue de Léo (à l'écran).*

LÉO. … Mais c'est précisément ça, être auteur! C'est piller. Écrire est un outrage, par définition, une imposture. Vraiment, l'écriture est une activité très louche, il faut se méfier des gens qui écrivent. *(Rire du public.)*

*Jump cut.*

… Pardon?… Je sais pas, je me souviens pas, je… pouvez-vous répéter la question?… C'est euh… c'est difficile, de répondre à ça… Parce que, qui les écrit, les livres, exactement? les auteurs? leur nation tout entière? ou les autres gens, ceux qui sont dans les livres? qui écrit en réalité? qui déploie sa langue? qui meurt pas tout à fait?

*On quitte l'entrevue.*

## SEIZIÈME SCÈNE

*Dehors, la nuit. Il pleut. Léo promène le chien. Il est en t-shirt. Il tombe nez à nez avec Ève. Elle doit donner l'impression d'attendre Léo depuis toujours. Elle porte un imperméable.*

ÈVE. Léo ? Qu'est-ce que tu fais ?

LÉO. Je promène le chien.

ÈVE. Il aime pas ça, se promener.

LÉO. Je sais. J'arrivais pas à dormir.

ÈVE. T'es allé les voir ?

LÉO. Oui. De loin.

ÈVE. T'as vu Justine ?

LÉO. Oui.

ÈVE. Est-ce qu'elle t'a vu ?

LÉO. Non.

ÈVE. Pourquoi tu fais ça ? Qu'est-ce que ça te donne ?

LÉO. Je sais pas. J'aime ça la regarder. Je la trouve belle.

ÈVE. T'es tout mouillé, tu vas attraper froid.

*Ève retire son imperméable et le dépose sur les épaules de Léo. Le geste est tendre et maternel.*

On rentre à la maison ?

LÉO. Justine, elle rentrera plus à la maison.

ÈVE. Non. Heureusement que t'es là. Pour rentrer à la maison.

*Temps.*

LÉO. Tu sais, les gens croient vraiment que je suis l'auteur de ton livre.

ÈVE. C'est ce qui est bien avec les gens. Ils sont prêts à croire n'importe quoi.

LÉO. Moi aussi je suis prêt à croire n'importe quoi.

ÈVE. Qu'est-ce que tu veux dire ?

LÉO. Je crois ce qu'on me raconte, parce que je me souviens pas bien. J'ai très peu de souvenirs.

ÈVE. Ah bon ?

LÉO. Je me souviens seulement que, parfois, je me perdais dans les foules.

ÈVE. C'est vrai, je m'en souviens, des fois je te perdais…

LÉO. C'est pas toi qui me perdais, c'est moi-même qui me perdais exprès, parce que je voulais que tu sois heureuse de me retrouver.

ÈVE. Tu faisais exprès ?

LÉO. Un jour, après m'être perdu, j'ai voulu que tu me retrouves et que ce soit un moment heureux, peut-être émouvant, et je t'ai aperçue au loin, tu étais de dos, et je me suis jeté contre toi et j'ai enfoui ma tête dans ta jupe, et là je me suis rendu compte que c'était pas toi, dans la jupe. C'était une étrangère qui portait une jupe comme la tienne. L'étrangère s'est penchée vers moi, j'ai sursauté, elle m'a dit : « Est-ce que tu m'as prise pour ta mère ? » et j'ai répondu oui. Je pense que j'avais les larmes aux yeux. Elle était très belle, avec un sourire plein de douceur, et elle m'a dit : « J'aurais bien aimé être ta mère, mais c'est pas moi. On va la retrouver, d'accord ? »

ÈVE. Tu m'as jamais raconté ça...

LÉO. Quand elle m'a dit qu'elle *aurait aimé être ma mère*, j'ai pensé que la vie était mal faite. Parce que, à ce moment précis, je me suis rendu compte que j'étais pas certain que t'aimais vraiment ça, toi, être ma mère. T'aimais-tu ça, être ma mère, maman ?

ÈVE. Ben voyons, Léo, tu poses des questions tellement bizarres...

LÉO. J'ai pris conscience que toute la vie reposait sur une infinité de hasards, de circonstances, que ma mère aurait bien pu être n'importe qui, toi ou une autre, n'importe quelle étrangère avec une jupe, et je l'aurais aimée de tout mon cœur. J'ai eu envie de dire à cette étrangère que, si elle voulait, on pouvait faire semblant qu'elle était ma mère. Les gens nous auraient crus. Les gens sont prêts à croire n'importe quoi.

*Léo donne la laisse du chien à Ève. Il repart avec l'imperméable de sa mère sur le dos.*
*Il pleut toujours.*
*Ève promène le chien. Elle tombe nez à nez avec Bruno. Il doit donner l'impression d'attendre Ève depuis toujours. Il porte un imperméable.*

ROMAN (LÉO). Il y a une fable qui raconte l'histoire de l'esclave Androclès qui, un jour, a soigné un lion d'Afrique en lui ôtant une grosse épine qui l'avait blessé à la patte. Beaucoup plus tard, capturé puis ramené à Rome, l'esclave est condamné à être dévoré. On le jette dans l'arène, où un lion affamé attend son repas. Mais dès que le lion l'aperçoit, il reconnaît Androclès, son bienfaiteur. Le lion s'approche de l'homme, qu'on croit perdu, et lui lèche tendrement les mains et les pieds, sous le regard médusé des spectateurs.

Il faudra bien que je sauve ma mère de quelque chose si je ne veux pas qu'elle me dévore. Alors j'écrirai des centaines de pages qui la sauveront, oui, je lui sauverai la vie pour toujours, à ma mère, en choisissant des mots que je lui arracherai de la bouche, et dont je ferai le plus beau des récits.
J'arracherai les mots de la bouche de ma mère, comme autant d'échardes qui l'insupportent. De cette manière, un jour, ma mère me reconnaîtra comme son bienfaiteur, et elle me sauvera à son tour.

BRUNO. Ève ? Qu'est-ce que tu fais ?

ÈVE. Je promène le chien.

BRUNO. Il aime pas ça, se promener.

ÈVE. Je sais. J'arrivais pas à dormir.

BRUNO. T'es allée les voir ?

ÈVE. Oui. De loin.

BRUNO. T'as vu Justine ?

ÈVE. Oui.

BRUNO. Est-ce qu'elle t'a vue ?

ÈVE. Non.

BRUNO. Pourquoi tu fais ça ? Qu'est-ce que ça te donne ?

ÈVE. Je sais pas. J'aime ça la regarder. Je la trouve belle.

BRUNO. T'es toute mouillée, tu vas attraper froid.

*Bruno retire son imperméable et le dépose sur les épaules d'Ève. Le geste est tendre et amoureux.*

On rentre à la maison ?

ÈVE. Tu te souviens quand tout allait bien ?

BRUNO. Oui.

ÈVE. Il me semble que j'allais pas si bien que ça, quand tout allait bien…

BRUNO. C'est vrai, t'allais pas si bien que ça.

ÈVE. Avoir su que ça irait mal un jour, j'en aurais profité pour aller bien, quand ça allait bien.

BRUNO *(gentil)*. Ben oui, hein ?

ÈVE. Ça veut dire qu'on aurait pu vivre le reste de notre vie sans épreuve majeure ?

BRUNO. Peut-être.

ÈVE. Est-ce que tu penses qu'il y a des gens qui vivent toute leur vie sans épreuve majeure ?

BRUNO. Sûrement que ça existe, oui.

ÈVE. Est-ce qu'ils s'en aperçoivent ?

BRUNO *(posant une main pudique sur Ève)*. Mon amour…

ÈVE. J'espère pour eux qu'ils s'en aperçoivent.

*Temps.*

Est-ce que ça t'arrive de regretter ?

BRUNO. Regretter quoi ?

ÈVE. D'avoir fait des enfants.

BRUNO. Non.

ÈVE. Moi oui. Il faut pas dire ça, hein ? Je sais qu'il faut pas dire ça, mais à qui je vais le dire si je peux pas te le dire, à toi ?

BRUNO. Si on n'avait pas fait d'enfants, tu le regretterais aussi.

ÈVE *(très douce).* T'as raison. T'as encore raison.

BRUNO. Viens, on devrait rentrer. Il y a plus personne.

ÈVE. C'est vrai qu'il y a plus personne.

BRUNO. …

ÈVE. As-tu remarqué qu'on n'a plus d'amis ?

BRUNO. On est tous très occupés…

ÈVE. Pour ça c'est bien, les gangs de rue : ils sont ensemble. Ils sont occupés *ensemble.* Et puis ils s'enfuient pas quand t'as un problème, une épreuve, non, ils restent, ils te laissent pas tomber, ils te vengent, ils font peur à tes ennemis, ils te protègent, ils peuvent mourir pour toi, tuer pour toi… tout le monde devrait avoir une gang de rue, au fond.

BRUNO. …

ÈVE. Je m'ennuie de nos amis. Des fois j'ai peur qu'il y ait personne à mon enterrement. Je trouverais ça triste de mourir sans personne qui pleure. Quand est-ce qu'ils arrivent ?

## DIX-SEPTIÈME SCÈNE

ROMAN *(à l'écran)*. Chapitre 12. Le dernier repas.

*Magiquement, une table dressée apparaît, et tous les personnages sont installés pour manger. Élise, Sébastien, Frédéric, Justine, Léo, le jeune homme noir. Ils sont extrêmement heureux de se voir. Ce repas présente une esthétique plus grande que nature, c'est-à-dire que tout est magnifié : l'éclairage, les costumes, les accessoires, etc. J'imagine un univers fellinien, en quelque sorte. Comme si la table dressée était au milieu de nulle part, dehors, dans le même paysage nocturne que la scène précédente (seizième scène), et peut-être même qu'il pleut toujours.*

BRUNO. Ah ! Les voilà !

ÈVE. Tout le monde est là ?

BRUNO. Oui !

ÈVE. Vous êtes tous venus !

BRUNO. C'est quand, la dernière fois qu'on s'est vus ?

ÉLISE. Ça fait longtemps.

SÉBASTIEN. Trop longtemps.

ÈVE. C'était presque hier, pourtant.

FRÉDÉRIC. Presque hier.

ÈVE. C'est bon de vous avoir tous en même temps.

FRÉDÉRIC. J'aime pas ça dire ça, mais vous m'avez manqué.

ÉLISE. Oh oui.

FRÉDÉRIC. Je suis très ému. Avez-vous remarqué comme je suis ému ?

BRUNO. Nous aussi, Fred, on est contents de te voir.

FRÉDÉRIC. J'en ai essayé, des groupes d'amis, mais c'est vraiment ici que je suis le plus confortable.

SÉBASTIEN. Léo et Justine ont grandi.

ÉLISE. Ils sont donc ben beaux !

ÈVE. Ils sont surtout *tellement* gentils.

BRUNO. C'est vrai qu'on a des bons enfants.

ÈVE. Des bons enfants.

SÉBASTIEN. C'est parce que vous êtes des bons parents, ça.

BRUNO *(fausse modestie)*. Ah, on fait notre possible…

ÈVE *(solennelle)*. Les amis, j'aimerais que vous fassiez partie de notre vie longtemps, et que vous fassiez partie de la vie de nos enfants.

BRUNO. Oui, pour que vous puissiez inspirer nos enfants.

ÈVE. D'ailleurs, c'est peut-être un de vous qui trouvera la bonne phrase…

FRÉDÉRIC. La bonne phrase…

ÈVE. Mais oui, vous savez, la bonne phrase qui nous fait dire : « Un jour, un jour où je n'y croyais plus, ce jour-là Untel m'a dit… », et on répète la bonne phrase, le mieux possible, peut-être même qu'on l'écrit dans un petit carnet, cette bonne phrase qui nous a sauvé la vie.

BRUNO. Ça existe, ce genre de phrases.

ÉLISE. Bien sûr que ça existe.

FRÉDÉRIC *(au jeune homme noir).* C'est un plaisir de vous rencontrer, j'ai beaucoup entendu parler de vous. Vous êtes une sorte de philosophe de la rue, c'est ça?

JUSTINE. Franchement, Fred, tu peux le tutoyer, hein. On est jeunes, nous.

FRÉDÉRIC. Non non, j'y tiens. C'est une forme de respect, Justine. *(Au jeune homme noir, complice :)* D'ailleurs, toutes mes félicitations pour les élections américaines: *Yes we can!*

JEUNE HOMME NOIR. J'y suis pour rien, vous savez, j'ai pas le droit de vote aux États-Unis.

FRÉDÉRIC. C'est pas grave, c'est quand même un peu votre victoire, non?

JEUNE HOMME NOIR. Je me sens pas vraiment concerné.

FRÉDÉRIC. Mais ça vous remplit d'espoir, non?

*Justine et le jeune homme noir regardent Fred comme s'il était malade mental. Ève rompt le malaise.*

ÈVE. Ce sera délicieux. On va partager un repas et ce sera délicieux.

FRÉDÉRIC *(à Sébastien).* J'étais certain que ça les remplirait d'espoir, moi.

ÉLISE *(constatant l'ampleur du repas et la beauté de la table dressée).* Mais oui, Ève, tu t'es vraiment surpassée, c'est magnifique!

ÈVE. Merci.

SÉBASTIEN. Ma belle Ève, ça fait des jours que je fantasme sur ton carré d'agneau!

BRUNO *(à Élise et Sébastien).* Et vous deux? Comment ça se passe?

ÉLISE. Eh bien, on attend notre enfant depuis vingt ans.

BRUNO. Ben oui, déjà, hein…

ÈVE. Et vous l'attendrez pour toujours ?

SÉBASTIEN. Oui.

FRÉDÉRIC *(désignant le ventre d'Élise)*. C'est dégueulasse, il va s'empoisonner là-dedans.

SÉBASTIEN. Mais non. Il peut pas s'empoisonner, il produit pas de déchets.

ÉLISE. Il restera là, parfaitement confortable, parfaitement innocent, pour toujours.

FRÉDÉRIC. Mais il faut d'abord venir au monde, pour être innocent, non ? Je veux dire, l'innocence existe à partir du moment où on vous donne l'occasion de nuire, ça prend une alternative pour être innocent plutôt que coupable.

SÉBASTIEN. Il est parfait. Il est parfaitement heureux et il est parfait.

JUSTINE. Il est chanceux de pas naître. J'haïs ça, naître, j'haïs ça être née.

BRUNO. Mais *pourquoi*?

JUSTINE. Tu viens à peine de venir au monde, pis déjà on veut que t'aimes le monde.

BRUNO. Comment ça ?

JUSTINE. … Comme quand tu déballes un cadeau que t'haïs. Tu l'haïs, le cadeau, t'es super déçue du cadeau, mais il faut que tu te forces pour l'aimer parce que c'est un cadeau.

BRUNO. Tu vas voir, la vie passe vite…

JUSTINE. Moi je trouve qu'elle passe lentement.

FRÉDÉRIC. Évidemment.

ÈVE. T'es tellement noire, Justine, ça m'inquiète. *(Au jeune homme noir :)* Ben, pas noire dans le sens de *Noire*, là…

JEUNE HOMME NOIR. J'avais compris.

JUSTINE. Quand t'es découragée de moi, maman, t'as juste à penser que je suis en train de te faire gagner ton Ciel.

ÈVE. Oui, mais si je crois pas au Ciel ?

*Ellipse.*

ROMAN (LÉO). Nous avons pris un repas qui avait le goût d'un dernier repas, et nous avons admis une fois pour toutes l'impermanence des choses. Nous avons profité de tout ce qui allait disparaître, ce sentiment d'impunité qui nous habite rien qu'en étant ensemble, et cette façon de briller un peu les uns aux yeux des autres.

*Fin de l'ellipse. Pendant l'ellipse, Ève sort une bouteille de champagne et la montre en désignant Léo (on comprend qu'il s'agit de célébrer le succès de Léo).*
*Ève demande au jeune homme noir d'ouvrir la bouteille de champagne.*

SÉBASTIEN. Léo s'est bien débrouillé avec les médias.

ÈVE. C'est vrai, tu t'es bien débrouillé.

BRUNO. Même en France, tu t'es bien débrouillé.

ÉLISE. Tu t'es pas laissé faire.

JEUNE HOMME NOIR *(qui se met debout pour ouvrir la bouteille de champagne).* Les médias français ont beaucoup aimé faire des liens entre nos gangs de rue et leurs problèmes de banlieues, hein ?

JUSTINE. Les médias français adorent parler de leurs banlieues.

JEUNE HOMME NOIR. Parce qu'il faut bien entretenir l'idée que le pauvre est coupable…

ÈVE. Coupable de quoi ?

JEUNE HOMME NOIR *(en train de déboucher)*. … donc, criminaliser la pauvreté en identifiant le pauvre au délinquant…

JUSTINE. Absolument.

JEUNE HOMME NOIR *(toujours en train de déboucher)*. … pour justifier la relativité d'un système d'intervention qui prétend réduire la pauvreté quand, en réalité, ce système se nourrit lui-même de cette pauvreté, tant qu'elle demeure une pauvreté docile, respectueuse, et soulageable… à peu de frais.

JUSTINE. … Parce que, comme l'écrivait le sociologue allemand Georg Simmel, « la lutte contre la pauvreté…

JUSTINE ET JEUNE HOMME NOIR *(ensemble)*. … répond toujours aux besoins des non-pauvres ».

ÉLISE *(attendrie devant le jeune couple « de gauche »)*. Sont cutes, hein ?

JEUNE HOMME NOIR *(avec humour)*. Alors pour tenter de maintenir cette pauvreté, indispensable au néolibéralisme, tout en évitant l'explosion sociale… on distribue des ballons de basket pis des cannes de peinture ! *(Il fait sauter le bouchon de champagne.)*

*Tout le monde rit de bon cœur. Justine aussi. On doit sentir que toute la table admire les réflexions critiques de Justine et du jeune homme noir. On remplit les coupes à champagne.*

BRUNO *(très sérieux, à Sébastien)*. C'est une génération très politisée…

*Sébastien approuve, impressionné.*

ÉLISE *(à Léo)*. Est-ce que tu vas en écrire un autre ?

LÉO. Je sais pas.

ÈVE. Après un premier succès, c'est pas évident, il y a la pression…

BRUNO. Un auteur primé et traduit en plusieurs langues dès son premier livre… ça crée des attentes.

SÉBASTIEN. On est très fiers de toi. C'est un prix littéraire très important que tu as gagné.

FRÉDÉRIC. Il y a vraiment beaucoup de prix littéraires, hein ? C'est fou le nombre de récompenses qui existent… Si ça continue, on finira tous par être récompensés.

ÉLISE. On est très fiers de toi, Léo.

LÉO. Merci.

FRÉDÉRIC. T'as pas voulu qu'on mette ta photo sur le livre ?

LÉO. C'est l'écrit qui compte, hein ?

JEUNE HOMME NOIR. De moins en moins.

ÈVE. Qu'est-ce que vous voulez dire ?

JEUNE HOMME NOIR. L'écrit compte de moins en moins. Les auteurs ont eux-mêmes évincé leurs mots au profit de leur visage.

JUSTINE *(amoureuse)*. Il réfléchit beaucoup.

ÈVE. C'est pas vrai, je suis pas d'accord, moi je suis auteur, et je rêve d'écrire sans qu'on voie mon visage.

FRÉDÉRIC. Vraiment ?

ÈVE. Oui. J'adorerais ça, être le nègre de quelqu'un. *(Au jeune homme noir :)* Ben nègre dans le sens littéraire, là…

JEUNE HOMME NOIR *(poli)*. Oui oui, bien sûr.

FRÉDÉRIC *(au jeune homme noir)*. Vous avez raison, l'écrit, ça compte presque plus. De toute façon, un jour, tout le monde écrira le même livre, alors...

ÈVE. Comment ça ?

FRÉDÉRIC *(désignant Léo)*. ... alors après tout, aussi bien lui qu'un autre. Hein, Léo ?

ÈVE. Quoi ?

FRÉDÉRIC. Tout le monde sera l'auteur du même livre et des mêmes phrases tournées dans tous les sens. Vous allez voir. Le monde entier finira par penser la même chose, ce sera la mondialisation de la pensée, la conspiration des idées, oui, les idées vont respirer en commun. Alors bientôt on va s'apercevoir qu'il s'est écrit exactement le même livre dans plusieurs villes à la fois et même dans les campagnes, un livre fait de notre pensée commune, de notre consensus accidentel, oui, la littérature va être réduite à une seule œuvre, comme une longue fugue, une suite d'imitations spontanées, il s'écrira partout le même livre en même temps par des gens qui auront eu la même idée en même temps, et dont chacun dira « mais c'est mon idée ! on m'a volé mon idée ! », et ils brandiront leur manuscrit en colère, ils accuseront les autres d'être leurs plagiaires, leurs contrefaçons, ils intenteront des procès, ils s'accrocheront à leur petite variation, à leur pauvre modulation par laquelle ils tenteront de nous convaincre qu'ils se *distinguent* des autres auteurs, mais la vérité, c'est que chaque livre aura exactement le même goût, le goût du jour, et on comprendra pas pourquoi tout le monde se met à avoir les mêmes idées en même temps, le même souffle essoufflé, le même soupir, au même rythme et en même temps. Et après il y aura, autour du seul et même livre aux auteurs multiples et tous récompensés, les seules et mêmes conversations sur la littérature contemporaine, ses semblables récompenses, et ses semblables auteurs.

Alors tu vois, Léo, mieux vaut encore te faire aimer pour ce que t'écris pas.

*Entrevue de Léo (à l'écran).*

LÉO. ... Quand je relis tout ça, je...

... Mais j'ai beau écrire dans ma langue maternelle, littéralement, dans la langue *de ma mère,* je... je la reconnais pas vraiment, ma mère, ni sa langue. C'est... Il me manque quelque chose, quelque chose d'elle qui peut pas s'enfermer dans un livre, il me manque toute ma mère, tout ce qu'elle est, ses effets de voix et ses gestes amples, ses mains qui s'échangent une cigarette sans jamais l'allumer...

*Jump cut.*

Malgré tous mes efforts, ma mère est restée une étrangère dans une jupe.

*Jump cut.*

Ce que je veux? Je veux... que ma mère m'aime pour tout ce que je suis pas. Et pour les livres que j'écrirai jamais.

*Freeze frame.*
*On quitte l'entrevue.*

ÈVE *(profonde et sincère).* Les amis, mes chers amis, mes bons amis... Je lève mon verre à notre amitié, à nos enfants et aux enfants à venir, au temps qui nous rendra meilleurs, je lève mon verre à chacun d'entre vous, parce que à mes yeux vous êtes uniques, incomparables, héroïques et dignes de ma plus grande admiration, je lève mon verre à cette précieuse soirée qui restera gravée dans ma mémoire, je lève mon verre à toute la vie.

*Tandis qu'ils lèvent tous très lentement leur verre :*

ROMAN (ÈVE). Il faudra donc tenter de nous réjouir, tous les jours si possible, parce que c'est bien tout ce qu'on peut faire pour être un peu digne de la vie qui passe à travers nous sans nous émouvoir outre mesure, et sans qu'on y inscrive grand-chose en retour, de vagues impressions, de maigres dépôts sur notre paysage désolé, à peine quelques livres, mais nous réjouir pourtant comme si tout ça avait de l'importance, les naissances et les morts et leurs enfants, et nous tous, qui ne passerons pas à l'Histoire, ou du moins pas autrement que collectivement, nous l'avons enfin compris ; enfin, comme le dit souvent ma mère, pouvons-nous rire de la vanité de notre quête, celle de ne pas mourir tout à fait, de défier le temps avec quelques mots et enfin d'être aimés pour ce que nous ne sommes pas.

FIN

OUVRAGE RÉALISÉ PAR
LUC JACQUES, TYPOGRAPHE
ACHEVÉ D'IMPRIMER
EN OCTOBRE 2009
SUR LES PRESSES
DES IMPRIMERIES TRANSCONTINENTAL
POUR LE COMPTE DE
LEMÉAC ÉDITEUR, MONTRÉAL

DÉPÔT LÉGAL
1re ÉDITION : 4e TRIMESTRE 2009
(ÉD. 01 / IMP. 01)